IAAL
大学図書館業務
実務能力認定試験
過去問題集

総合目録－図書編

小西 和信 監修
IAAL認定試験問題集編集委員会 編

樹村房

まえがき

　このたび『IAAL大学図書館業務実務能力認定試験　過去問題集』をお届けします。「総合目録－図書編」「総合目録－雑誌編」(夏頃の予定)「情報サービス－文献提供編」の3分冊の刊行となります。これまでIAALでは、「模擬問題」に詳細な解説を施した「2012年版」「2014年版」「2016年版」の3冊の問題集を刊行してきました。それぞれ好評をもってご活用いただいたものの、受験生の皆様からはさらに、過去問自体の公開を望む声が強く寄せられていました。しかし、2009年から始まった認定試験は、最も多い試験区分でも年1回程度の実施ですので、公開するだけの蓄積量が整わず、その要望に応えることができないまま今日に至っておりました。今回、今後の試験運営への影響を与えない範囲で、限られた回数分ではありますが、過去問題の公開に踏み切りました。また、受験者の便宜を考慮し試験区分毎の分冊化を図りました。

　この過去問題集では、これまで実施した試験問題紙の実物をそのまま再現するよう努めています。そのため、当時は適切であった問題でも今日では意義を失ったものや、解答自体が逆になるケースも生じています。それらはごく少数例ですが、ご使用にあたってあらかじめご了解いただければと存じます。

　「実務能力認定試験」の設計思想と概要については、本書第1章に筑波大学の大庭一郎氏による詳細な解説が用意されています。さて、大学図書館で働く職員(公立図書館職員も同様ですが)にとって、この認定試験はどう位置づけられるのでしょう？　それは、プロの職員として求められる「実務能力」を測り、一層の「自己研鑽と継続学習」に励むためのツールの一つであるということです。試験の性格上、実施するIAALが「認定」する形式を採っていますが、IAALはあくまで「自己認定」のための材料を提供しているに過ぎないと考えています。

　先日何度目かの再放送で、『下町ロケット』(池井戸潤原作)を視たのですが、主人公の町工場の社長が、「穴を開ける、削る、研磨する——技術がいくら進歩しても、それがモノ作りの基本だと思う」とロケット部品を供給することになる大企業の部長に熱弁をふるう場面(TVドラマでは法廷での証言だったと思います)がありました。私はこれを図書館にあてはめたらどうなるだろうと夢想しました。すこし危なっかしいのですが、「目録を作る、分類する、検索する——時代がどれだけ変わってもこれが図書館で働くことの基本である」ということになります。「目録」は書誌データの解析能力です。「分類」は主題分析力です。「検索」はレファレンス能力です。このアナロジーで言うと、IAALの認定試験では、「分類」以外の二分野に対応できていると思います。それぞれの試験をクリアするということは、図書館の「実務能力」に関して、プロの実力を持つと「認定」されるということです。

この「過去問題集」と向き合うことで，認定試験突破のための力が涵養されるものと信じております。個々の問題が，どういう意図で作られているかを知りたい方は，以前出た版を併せてご使用ください。

　この問題集を，大学図書館，公立図書館職員の皆様，司書課程に学ぶ学生諸君，図書館職員の業務内容や専門性に関心を持つ皆様にお届けしたいと思います。本書が，図書館職員の実務能力向上に少しでもお役に立てるよう望んでいます。最後に，作問に当たられた方々のご努力に敬意を表し，出版物としての精度を高めてくださった樹村房の皆様に感謝申し上げます。

　2018年3月1日

監修者　小西和信
(武蔵野大学教授・NPO法人大学図書館支援機構理事長)

IAAL 大学図書館業務実務能力認定試験 過去問題集
総合目録－図書編

まえがき　3

第1章　IAAL大学図書館業務実務能力認定試験の設計思想と概要　——— 7

はじめに ……………………………………………………………………… 8
1．IAAL認定試験の実施の背景 ………………………………………… 8
　1．1　大学図書館業務と担当職員の変化 ……………………………… 8
　1．2　日本の図書館界における専門職員資格試験の動向 …………… 9
2．IAAL認定試験の設計思想 …………………………………………… 10
　2．1　IAAL認定試験の検討開始 ……………………………………… 10
　2．2　IAAL認定試験の作成 …………………………………………… 10
　2．3　IAAL認定試験の運営・実施 …………………………………… 14
3．IAAL認定試験過去問題集の活用方法 ……………………………… 16
おわりに ……………………………………………………………………… 17
資料①　IAAL認定試験の試験科目一覧 ………………………………… 22
資料②　IAAL認定試験の出題枠組み …………………………………… 23
資料③　出典・参考教材一覧：「総合目録」・「情報サービス－文献提供」（領域Ⅴ）…… 28
資料④　IAAL認定試験の実施状況 ……………………………………… 30

第2章　「総合目録－図書初級」過去問題　——— 33

第1回　試験問題 …………………………………………………………… 35
第2回　試験問題 …………………………………………………………… 57
第3回　試験問題 …………………………………………………………… 83
第4回　試験問題 …………………………………………………………… 109

第3章　「総合目録－図書中級」過去問題　——— 135

第1回　試験問題 …………………………………………………………… 137
第2回　試験問題 …………………………………………………………… 179

あとがき　217

第1章

IAAL大学図書館業務実務能力認定試験の設計思想と概要

IAAL大学図書館業務実務能力認定試験の設計思想と概要

大 庭 一 郎（筑波大学図書館情報メディア系）

はじめに

　特定非営利活動法人（NPO法人）大学図書館支援機構（Institute for Assistance of Academic Libraries：略称IAAL（アイアール））は，2007年6月26日，東京都の認証を受けて設立されました[1]。IAALの目的は，「大学図書館及びその利用者に対して，研修及び業務支援に関する事業を行い，大学図書館の継続的発展を通して学術研究教育に寄与すること」です。IAALは，特定非営利活動の事業として，(1)情報リテラシー教育支援事業，(2)大学図書館職員研修事業，(3)大学図書館業務支援事業，(4)大学図書館運営に係る助言または援助の事業，を行ってきました。(2)の大学図書館職員研修事業では，「①講習会の開催」と「②資格の認定，基準の策定及び公表」の実施が規定されています[2][3]。

　IAALは，事業活動の一環として，IAAL大学図書館業務実務能力認定試験（以下，IAAL認定試験と略す）の企画検討を行い，2009年5月17日（日）に，IAAL認定試験「総合目録－図書初級」第1回を実施しました。筆者は，IAAL認定試験の準備段階から実施までの検討に参加し，問題作成の基本方針の策定等に携わる機会を得ました。そこで，第1章では，IAAL認定試験の実施の背景，IAAL認定試験の設計思想，IAAL認定試験過去問題集の活用方法，について記します。

1. IAAL認定試験の実施の背景

1.1　大学図書館業務と担当職員の変化

　1989（平成元）年度以降，日本の大学図書館は，サービス提供の量的拡張が進行する中で，経営管理に必要な資源の縮小も進みました。そのような状況の中で，大学図書館の専任職員が削減され，それを埋め合わせる形で非専任職員が増加してきました[4]。2017年5月1日現在で実施された日本図書館協会の調査によれば，日本の4年制大学の大学図書館は1,424館（本館772，分館・分室652）あり，その中の調査回答館1,378館には，専従職員4,311人，兼務職員1,304人，非常勤職員2,749人，臨時職員1,434人，派遣職員等3,913人の計13,711人が働いています[5]。専従職員と兼務職員の合計を専任職員ととらえるならば，専任職員5,615人（41.0%），非専任職員8,096人（59.0%）になります。

　2007年に，佐藤翔と逸村裕（筑波大学）は，日本の4年制大学図書館における外部委託に関する調査を実施しました（対象館704，有効回答358（50.9%），国公私の内訳は国立70（80.5%），公立44（58.7%），私立243（44.9%），放送大学1（100%））。この調査によって，大学図書館の41種類の委託業務内容は，専門性の低い整理・閲覧関連業務（カウンター（42.1%），装備（36.7%），コピー・カタロギング（34.7%））から，専門性の高い整理関連業務（分類作業（27.4%），オリジナル・カタロギング（26.9%）），専門性の高い閲覧業務（DB検索操

作の援助(24.1%),目録使用・図書選択等の援助(23.8%),レファレンス・サービス(19.5%))まで,広範囲にわたることが示されました(数値は委託率)[6]。

　大学図書館業務の遂行には,担当職員が個々の業務に必要な暗黙知(主観的で言語化・形態化困難な知識)と形式知(言語または形態に結晶された客観的な知識)を,十分に備えている必要があります[7]。かつての大学図書館は,専任職員が多く,各係(各業務)に一定数の職員が配属されていたため,先輩職員から後輩・新人職員に対して,業務上の暗黙知と形式知を伝達できる環境がある程度整っていました。しかし,近年の大学図書館業務は,職員削減で各業務の担当職員が減少する中で,専任職員だけでなく,多様な雇用形態の職員によって支えられています。雇用形態の異なる職員の間では,業務上の暗黙知と形式知の伝達が困難になるだけでなく,職員研修の機会にも大きな差が生じます。専任職員を中心に運営されている大学図書館の場合でも,各係(各業務)の定員減によって,担当業務に必要な暗黙知と形式知が伝達・継承されにくくなっています。現代の大学図書館では,図書館業務の担当職員が,日々の業務に必要な実務能力を維持・発展させたり,各自の業務に必要な研修等に参加して実務能力を継続的に高めていくことが,従来よりも困難になってきています。このような状況を受けて,2008年4月,IAALは,IAAL認定試験の実現に向けた企画検討を開始しました。

1.2　日本の図書館界における専門職員資格試験の動向

　日本の図書館界では,1980年代以降,専門司書資格認定試験の提案や館種別専門職員資格試験の検討が行われてきました[8)9]。さらに,2006年3月発表の『情報専門職の養成に向けた図書館情報学教育体制の再構築に関する総合的研究』(通称,LIPER報告)[10]を踏まえて,2007年度から,日本図書館情報学会は「図書館情報学検定試験」の準備試験を実施しています[11]。このような状況の中で,1999年3月に,薬袋秀樹(図書館情報大学)が『図書館雑誌』に発表した「司書の専門的知識の自己評価試験」の提案は,司書の専門的知識の向上に役立つ実現可能な方法として,注目すべき内容を含んでいました。この試験の内容と効果(3点)は,以下のとおりです[12]。

- ・公立図書館の司書に必要な専門的知識について,五肢択一形式の試験問題を数百題以上作成し,回答とともに問題集にまとめて,冊子形態で刊行する。正答率の目標や基準を示しておく。
- ・公立図書館の司書は,それを購入し,自分で問題を解き,回答と照らし合わせて採点する。
  - ①司書は自分の専門的知識がどのようなレベルにあるか,どの分野が弱いかを自己評価することができる。
  - ②自己評価によって,司書の自己学習の動機が高まる。
  - ③問題の作成を通じて,司書に必要不可欠な専門的知識の内容が明確になる。

　薬袋の提案は,公立図書館司書の専門的知識の向上を目指した提案でしたが,IAALが,大学図書館業務における実務能力認定試験のあり方を検討する際に,示唆に富む内容を含んでいました。

2. IAAL認定試験の設計思想

2.1 IAAL認定試験の検討開始

2008年4月,IAALは,IAAL認定試験の実現に向けた企画検討を開始しました。

IAAL認定試験は,大学図書館で働く専任職員と非専任職員に,大学図書館業務の実務能力に関する自己研鑽と継続学習の目標・機会を提供することを目的として,企画されました。現代の大学図書館業務には,多様な業務が含まれており,個々の業務の担当職員に必要な専門的知識と経験は異なっています。大学図書館業務の実務能力を試験で問う場合には,多くの大学図書館で標準的に実施されている業務を対象として,試験問題を作成する必要があります。そこで,IAAL認定試験では,日本の大学図書館で標準的に活用されている書誌ユーティリティを対象とした試験問題の開発に,最初に着手しました。

国立情報学研究所(National Institute of Informatics:略称NII)の目録所在情報サービス(NACSIS-CAT/ILL)は,日本の大学図書館を結ぶ書誌ユーティリティです。NACSIS-CAT/ILLでは,参加館が所蔵資料の書誌情報と所在情報をオンラインでデータベース化し,その所在情報データベースを利用して,各館の未所蔵資料を相互に提供する図書館間相互協力が行われています。NACSIS-CAT/ILLは,大学図書館の業務システムをサポートし,日本の学術情報流通基盤を支えるサービスシステムとして成長してきました。しかし,近年,NACSIS-CAT/ILLの問題点として,①データベースの品質を共同維持するという意識の薄れ,②担当者の削減とスキルの低下,③業務の低コストでの外注化による図書目録データの品質低下(例:重複書誌レコードの頻発),④雑誌所蔵データ未更新による雑誌目録データの品質低下,等が指摘されるようになりました[13]。NACSIS-CAT/ILLを取り巻く問題状況を改善するひとつの手立てとして,IAAL認定試験を通じて,NACSIS-CAT/ILLに携わる専任職員と非専任職員の自己研鑽と継続学習の目標・機会を提供することは,大学図書館業務の基盤を支える上で有効であると考えられました。そこで,IAALは,2008年4月から2009年4月にかけて,IAAL認定試験「総合目録-図書初級」の実施の方向性を検討し,試験問題の開発に取り組みました。

2.2 IAAL認定試験の作成

(1) IAAL認定試験の試験方法の選定

IAAL認定試験は,大学図書館で働く専任職員と非専任職員に,大学図書館業務の実務能力に関する自己研鑽と継続学習の目標・機会を提供することを目的としています。

試験問題を作成する場合,試験の目的(目標)に応じて,多様な出題形式が選択できます。一般的な試験方式として,筆記試験,面接試験,実技試験,適性試験,等があります。そして,筆記試験には,選択式試験(補完式(文章の空欄記入),正誤式,組合せ式,多肢選択式(択一式,複数選択式))のほかに,論文式試験,その他の記述式試験,があります。例えば,人事院が,1985(昭和60)年から2003(平成15)年にかけて実施した国家公務員採用Ⅱ種試

験「図書館学」では，第1次試験で教養試験(多肢選択式)，専門試験(多肢選択式)，専門試験(記述式)を課し，第2次試験で人物試験を行いました[14]。国Ⅱ(図書館学)は，「図書館学」領域の多数の志願者の中から一定の人数(採用予定者数)を選抜するために，競争試験として実施されていました。しかし，IAAL認定試験は，職員採用で用いられる競争試験とは異なり，IAAL認定試験受験者が，個々の大学図書館業務に必要な実務能力について一定レベルに到達しているかどうか，を的確に判定できることが，重要なポイントになります。そこで，IAALは，各種の試験方式を検討した上で，IAAL認定試験「総合目録－図書初級」「総合目録－雑誌初級」「情報サービス－文献提供」では，自動車の普通免許の学科試験の方式を採用することにしました。

　道路交通法の第97条(運転免許試験の方法)は，免許の種類ごとに，自動車等の運転に必要な適性，技能，知識に関する運転免許試験を行うと規定しています[15]。そして，道路交通法施行規則の第25条(学科試験)では，「自動車等の運転に必要な知識についての免許試験(以下「学科試験」という。)は，択一式又は正誤式の筆記試験により行うものとし，その合格基準は，90パーセント以上の成績であることとする」[16]と規定しました。学科試験は，道路交通法の第108条の28(交通安全教育指針及び交通の方法に関する教則の作成)を踏まえて，国家公安委員会が作成した『交通の方法に関する教則』(略称，交通の教則)の内容から出題されています[17]。例えば，1990年の学科試験(第一種運転免許の普通免許)では，正誤式の筆記試験が，出題問題数100問，試験時間50分，合格基準90パーセント以上(正解90問以上)で実施されていました。この学科試験では，「教習1　運転者の心得」から「教習29　悪条件下の運転など・運転者の社会的責任と安全運転」までの29教習が設定され，教習ごとに何問程度出題されるか基準が示されていました[18]。現在の学科試験(第一種運転免許の普通免許)は，正誤式の筆記試験が，文章問題90問(各1点)とイラスト問題5問(各2点)，試験時間50分，合格基準90パーセント以上(90点以上)で実施されています[19]。長信一(自動車運転免許研究所)は，現行の学科試験の出題傾向を分析し，9領域の出題率(自動車の運転の方法35％，歩行者と運転者に共通の心得12％，自動車を運転する前の心得11％，等)を示しています[20]。このように，運転免許試験の学科試験では，試験問題の出題枠組みが明確に定められ，出題枠組みの各領域から試験問題が満遍なく出題されるように設計されています。

　正誤式の筆記試験は，普通免許の学科試験のように，短文の問題文を提示してそれが全体として正しいか(正)，誤りを含んでいるか(誤)を問うものです。正誤式の筆記試験の長所は，事実や知識についての記憶力や判断力を広範囲にわたって把握するのに適していることです。必要に応じて，マークシート方式の解答用紙を設計することもできます。一方，この試験方式の短所は，回答が正誤(○×)の2分法になるため，他の試験方式と比較した場合，推測・推量による正答の確率が高いことが挙げられます。正誤式の筆記試験には，長所・短所がありますが，普通免許の学科試験では，多数の問題(100題)を出題し，それらに短時間(50分)で回答させ，合格基準を高く設定(90％以上)しています。これによって，短時間に(1問当たり30秒で)，各問に対する瞬時の正確な判断を求め，推測・推量による回答を極力減らす工夫がなされています。

　IAAL認定試験「総合目録－図書初級」および「総合目録－雑誌初級」は，国立情報学研究

所(NII)の目録所在情報サービス(NACSIS-CAT/ILL)を活用した図書館業務を行う際に，一定の実務能力に達しているかどうかを判定しようとしています。正誤式の出題方式には，長所・短所がありますが，NACSIS-CAT/ILLを図書館業務で用いる際に必要な事実や知識についての記憶力・判断力を広範囲に問い，NACSIS-CAT/ILLを安定して活用・運用できるかどうか判定するには，最適であると考えました。そこで，IAAL認定試験「総合目録－図書初級」「総合目録－雑誌初級」「情報サービス－文献提供」では，正誤式の筆記試験(マークシート方式)を採用し，出題問題数100問，試験時間50分，合格基準80パーセント以上(正解80問以上)で実施することにしました。一方，IAAL認定試験「総合目録－図書中級」「総合目録－雑誌中級」の場合は，多様な出題ができるように多肢選択式の筆記試験(マークシート方式)を採用し，出題問題数150問，試験時間90分，合格基準80パーセント以上(正解120問以上)で実施することにしました。

　IAAL認定試験における大学図書館業務の実務能力の判定方法については，各試験の合格点を設定し合否判定をするのか(合格点設定方式)，あるいは，TOEICやTOEFLのように点数(スコア)を提示するのか(点数提示方式)について，さまざまな議論がありました。最終的には，IAAL認定試験の受験者の自己研鑽と継続学習の目標を明確にするために，個々の図書館業務を4年以上経験した者が合格できる点数(80点・中級120点)を定め，合格基準80パーセント以上(正解80問以上・中級120問以上)で，合否判定をすることになりました。

　IAAL認定試験の計画段階では，日本各地の大学図書館職員がIAAL認定試験を受験しやすいように，筆記試験をWebテストで実施することを検討しました。しかし，Webテストに必要な機器類の導入経費が高額であり，Webテスト実施時の厳密な本人確認に不安な点があることから，Webテストの実施を断念し，試験会場で筆記試験を行うことになりました。IAAL認定試験の試験科目一覧は，【資料①】として章末に掲載してあります。

(2) IAAL認定試験の評価ポイント(評価指針)と出題領域

　IAAL認定試験を作成する第一段階として，各試験の評価ポイント(評価指針)と出題領域を設定しました。5種類の試験の評価ポイント(評価指針)と出題領域は，表1のとおりです[21)22)23)]。

　次に，評価ポイント(評価指針)と出題領域を踏まえて，IAAL認定試験の出題枠組みを作成しました。一般に，各種の認定試験や検定試験が社会や関連領域(業界)で一定の評価を得るには，①各回の問題作成方針(指針)が一貫性を保ち，②各回の問題のレベルと質が同一水準を維持し，③一度開始された試験が厳正かつ永続的に実施されること，が重要です。そして，①②を担保するには，試験の出題枠組みの設計が重要であり，試験の成否を決めることになります。そこで，IAALは，運転免許試験の学科試験を踏まえて，個々の大学図書館業務に対応した厳密な出題枠組みを作成しました。IAAL認定試験の出題枠組みは，【資料②】として章末に掲載しました。【資料②】の出題枠組みをご覧いただくことによって，IAAL認定試験の各領域内に，どのような範囲とテーマが設定され，出題されるのか(重視されているのか)把握できます。IAAL認定試験の学習ポイントを把握し，問題・解説を読む際に，【資料②】の出題枠組みを活用してください。

表1　IAAL認定試験の評価ポイント(評価指針)と出題領域

科目	評価ポイント(評価指針)	出題領域
総合目録－図書初級	総合目録の概要，各レコードの特徴，検索の仕組みについて理解し，和洋図書の的確な検索と，結果の書誌同定の判断ができるかどうかを判定する。また目録規則の基礎的な知識を確認する。	Ⅰ．総合目録の概要 Ⅱ．各レコードの特徴 Ⅲ．検索の仕組み Ⅳ．書誌同定 Ⅴ．総合
総合目録－雑誌初級	総合目録の概要，各レコードの特徴，検索の仕組みについて理解し，和洋雑誌の的確な検索と，結果の書誌同定の判断，正確な所蔵登録ができるかどうかを判定する。また目録規則の基礎的な知識を確認する。	Ⅰ．総合目録の概要 Ⅱ．各レコードの特徴 Ⅲ．検索の仕組みと書誌の同定 Ⅳ．所蔵レコードの記入方法 Ⅴ．総合
総合目録－図書中級	書誌作成の手順を理解し，目録規則，コーディングマニュアルの考え方に基づき，情報源から和洋図書の目録作成ができるかを評価する。	Ⅰ．目録の基礎 Ⅱ．書誌作成・和図書 Ⅲ．総合・和図書 Ⅳ．書誌作成・洋図書 Ⅴ．総合・洋図書
総合目録－雑誌中級	書誌作成の手順を理解し，目録規則，コーディングマニュアルの考え方に基づき，情報源から和洋雑誌の目録作成ができるかを評価する。	Ⅰ．目録の基礎 Ⅱ．書誌作成・和雑誌 Ⅲ．総合・和雑誌 Ⅳ．書誌作成・洋雑誌 Ⅴ．総合・洋雑誌
情報サービス－文献提供	文献提供にかかわる著作権などの制度についての知識，書誌事項の読み取り，文献探索の方法，所蔵調査，それにNACSIS-ILLの利用についての能力を総合的に評価する。	Ⅰ．文献提供総論 Ⅱ．書誌事項の解釈 Ⅲ．文献探索 Ⅳ．所蔵調査 Ⅴ．ILLシステム

(3) IAAL認定試験の出題範囲(出典)

IAAL認定試験「総合目録-図書」「総合目録-雑誌」では,試験問題作成の出題範囲(出典)として,以下の資料が設定されています。

- 『目録情報の基準』[24]
- 『目録システム利用マニュアル』[25]
- 『目録システムコーディングマニュアル』[26]
- 『目録システム講習会テキスト　図書編』[27]
- 『目録システム講習会テキスト　雑誌編』[28]

さらに,IAAL認定試験「総合目録-図書中級」と「総合目録-雑誌中級」では,『日本目録規則』[29]と『英米目録規則』[30]も参照する必要があります。

一方,IAAL認定試験「情報サービス-文献提供」は,情報サービス業務における文献提供に焦点をあてて,IAALが独自に出題範囲を設計しました。そのため,IAAL認定試験「総合目録-図書」「総合目録-雑誌」とは異なり,「情報サービス-文献提供」の試験問題作成の出題範囲(出典)を網羅的に示すことは困難です。そこで,【資料②】の「情報サービス-文献提供」の出題枠組みでは,出題対象を記しました。ILLシステムについては,以下の資料があります。

- 『ILLシステム操作マニュアル』[31]
- 『ILLシステム操作マニュアル:ISO ILLプロトコル対応』[32]
- 『NACSIS-ILLシステム講習会テキスト』[33]

IAAL認定試験は,これらの出題範囲(出典)を踏まえて,NACSIS-CAT/ILLの業務に従事したことがある図書館職員が,試験問題の作成を行っています。IAAL認定試験の出典・参考教材一覧は,【資料③】として章末に掲載してあります。

IAAL認定試験過去問題集は,3分冊(総合目録-図書編,総合目録-雑誌編,情報サービス-文献提供編)で刊行されます。IAAL認定試験「総合目録-図書」「総合目録-雑誌」の設問中で問う書誌レコードは,NACSIS-CATの入力基準に合致した,正しい記述がなされている書誌を想定しています。問題を解く際は,書誌レコードは正しい記述がなされているという前提で解答してください。設問中に提示した書誌レコードは,『目録システムコーディングマニュアル』に準拠しています。

なお,本書に収録したURL,出題対象の各種情報源・システムは,2018年3月現在のデータに基づいています。

2.3　IAAL認定試験の運営・実施

(1) IAAL認定試験の運営マニュアルの作成

各種の認定試験や検定試験が成功するには,良い試験問題を継続的に作成できる体制を整備するだけでなく,各試験が厳正かつ適切に実施される体制を整えることが,非常に重要です。特に,新しい認定試験や検定試験が,社会や関連領域(業界)で受容されるには,個々の試験が,厳密に実施されていることが担保されていなければなりません。認定試験や検

定試験の成否は，良問の継続的な作成と試験実施マニュアルの整備が，車の両輪として機能することにかかっています。

　そこで，IAALは，IAAL認定試験を開始する際に，詳細なIAAL認定試験運営マニュアルを整備しました。各試験会場は，IAAL認定試験運営マニュアルに基づいて，試験会場の準備，受験者の受付，試験実施，試験会場の片付け，試験の事後処理，等を行っています。特に，受験者の本人確認は，受験申込み写真と本人確認書類(免許証，パスポート，等)を照合して，厳正な試験が担保できるように留意しています。IAAL認定試験運営マニュアルによって，各試験会場は，全国一斉に同一条件で，厳正な試験を実施しています。

(2) IAAL認定試験の実施

　IAALは，2009年5月17日(日)に，IAAL認定試験「総合目録－図書初級」第1回を実施しました。IAAL認定試験「総合目録－図書初級」第1回は，東京と名古屋の2会場で行い，受験者総数は216名(東京180名，名古屋36名)でした。この試験の平均点は79.9点，合格基準80パーセント以上(正解80問以上)を充たした合格者は112名(52%)でした。IAAL認定試験では，試験改善のために，アンケートで受験者の目録業務経験年数等を質問しています。「総合目録－図書初級」第1回では，NACSIS-CATの経験年数が4年以上の受験者(99名)の中で，78人(79%)が合格しています[34]。

　IAAL認定試験は，職員採用で実施される競争試験のように，受験者を選抜し落とすための試験ではありません。しかし，IAAL認定試験受験者が，個々の大学図書館業務に必要な実務能力について一定レベルに到達しているかどうかを判定するため，一定レベルに達していない場合は不合格になります。IAAL認定試験の開始直後は，IAAL認定試験問題集が刊行されていなかったため，試験勉強に取り組みにくい状況がありました。そこで，2012年4月に『IAAL大学図書館業務実務能力認定試験問題集　2012年版』[35]が初めて刊行され，2013年10月に2014年版，2015年9月には2016年版[36]が刊行されました。今後，過去問題集を踏まえた試験勉強が可能になりますので，IAAL認定試験の合格者は増加すると思われます。私見にすぎませんが，過去問公開によって合格者が急増する場合は，IAAL認定試験の質を維持するために，運転免許試験の学科試験(第一種運転免許の普通免許)と同様に，合格基準90パーセント以上(正解90問以上)にする必要があるかも知れません。

　IAAL認定試験の実施結果は，各受験者に，試験の合否に関わらず各領域の得点を通知しています。そして，合格者には，運転免許証のような写真入りカード形態の合格証を発行しています[37]。

　2009年5月以降，IAALは，年2回(春季(5月か6月上旬)と秋季(11月))，IAAL認定試験を実施してきました。2010年5月16日(日)には「総合目録－雑誌初級」第1回を行い，2010年11月7日(日)には「総合目録－図書中級」第1回を実施しました。2012年11月4日(日)には「情報サービス－文献提供」第1回を行い，2014年4月27日(日)には「総合目録－雑誌中級」第1回を実施しました。さらに，IAAL認定試験が5種類整備されたことを受けて，2015年春季から，同日に2科目受験できる運営体制が整えられました。IAAL認定試験の実施状況は，『IAALニュースレター』を通じて，随時，広報してきました[38,39]。IAAL認定試験の実施状況は，【資料④】として章末に掲載しましたので，どうぞご覧ください。

（3）IAAL試験マイスターの誕生

　IAAL認定試験で設定した3領域（「総合目録－図書」「総合目録－雑誌」「情報サービス－文献提供」）の知識・実務能力は，図書館サービス（間接サービスと直接サービス）の基盤であり，3領域の知識・実務能力を兼ね備えた人材が求められています。

　2015年7月，IAALは，「IAAL大学図書館業務実務能力認定試験マイスター」（略称，IAAL試験マイスター）を新設しました。IAAL試験マイスターのねらいは，IAAL認定試験の受験・合格を通じて，5種類の試験の知識・実務能力の自己研鑽と継続学習に努めた者を認定し，大学図書館業務に携わる者の自己研鑽の努力を奨励するとともに，大学図書館業務に携わる者のキャリア形成に資することです。

　IAAL試験マイスターには，ブロンズ，シルバー，ゴールドの3段階（ランク）が設けられています。IAAL試験マイスターでは，IAAL認定試験に，3種類合格した者は（ブロンズ），4種類合格した者は（シルバー），5種類合格した者は（ゴールド）を，それぞれ認定申請できます。IAAL試験マイスターの詳細は，IAALのWebページをご覧ください[40]。

3．IAAL認定試験過去問題集の活用方法

　IAAL認定試験は，大学図書館で働く専任職員と非専任職員に，大学図書館業務の実務能力に関する自己研鑽と継続学習の目標・機会を提供することを目的としています。本節では，IAAL認定試験過去問題集の活用法について，説明します。

① NACSIS-CAT/ILLを用いた
　総合目録業務・図書館相互利用業務の自己研鑽の教材

　NACSIS-CAT/ILLを用いた総合目録業務・図書館相互利用業務を担当する図書館職員は，総合目録や図書館相互利用に関する実務能力の向上を目指して，自己研鑽の教材として，この問題集を活用することができます。その際，【資料②】に掲載したIAAL認定試験の出題枠組みは，総合目録や図書館相互利用に関する重要項目を列挙したものとして，各自の知識の整理に役立ちます。

　なお，IAAL認定試験「情報サービス－文献提供」は，大学図書館職員だけでなく，高度なレファレンスサービスに携わる専門図書館職員，公共図書館職員の自己研鑽にも役立ちます。

② NACSIS-CAT/ILLを用いた総合目録業務・図書館相互利用業務の研修教材

　IAAL認定試験「総合目録－図書初級」「総合目録－雑誌初級」「情報サービス－文献提供」の試験問題（各100題）と「総合目録－図書中級」「総合目録－雑誌中級」の試験問題（各150題）は，NACSIS-CAT/ILLの実務に即した内容で構成されています。NACSIS-CAT/ILLの担当図書館職員向けの研修等を開催する際に，研修教材として活用すると同時に，研修後の実務能力の測定手段としても活用することができます。さらに，必要に応じて，

NACSIS-CAT/ILLを用いた総合目録業務，図書館相互利用業務，レファレンスサービス，等の担当者に，実際のIAAL認定試験の受験を薦めていただくことによって，担当職員の実務能力を測定することも可能になります。

③ IAAL認定試験の受験対策の教材

　IAAL認定試験「総合目録－図書初級」「総合目録－雑誌初級」「総合目録－図書中級」「総合目録－雑誌中級」「情報サービス－文献提供」の受験対策として，実際に出題された問題を解くことによって，出題形式，問題の傾向，時間配分，等を把握することができます。

④ IAAL認定試験の受験後の復習教材

　IAAL認定試験「総合目録－図書初級」「総合目録－雑誌初級」「総合目録－図書中級」「総合目録－雑誌中級」「情報サービス－文献提供」の受験者が，受験後の復習教材としてこの問題集を用いることによって，試験問題の解答を確認したり，出題された問題の理解を深めることができます。

⑤ 大学図書館職員を目指す学生・社会人の教材

　図書館情報学の履修学生や司書資格を取得中の学生・社会人の中で，大学図書館で働くことを強く希望される方は，この問題集を活用することによって，NACSIS-CAT/ILLを用いた総合目録業務，図書館相互利用業務，レファレンスサービス，等に必要な基礎知識を把握することができます[41]。

　このように，IAAL認定試験過去問題集は，多面的に活用することができます。

　IAAL認定試験「総合目録－図書初級」「総合目録－雑誌初級」では，目録や分類の詳細は出題していません。しかし，総合目録業務の担当者には，目録法や分類法の基本知識が不可欠です。目録法や分類法の詳細は，図書館法の「図書館に関する科目」の「情報資源組織論」と「情報資源組織演習」の教科書等を参照することによって，学習を深めることができます[42]。一方，IAAL認定試験「情報サービス－文献提供」では，基本的なレファレンス資料に関する知識が出題されます。レファレンス資料については，図書館法の「図書館に関する科目」の「情報サービス論」と「情報サービス演習」の教科書を参照してください[43)44]。

おわりに

　これまで，IAAL認定試験の実施の背景，IAAL認定試験の設計思想，IAAL認定試験過去問題集の活用方法について，説明してきました。IAAL認定試験の受験案内は，IAALのWebページ，『IAALニュースレター』，『図書館雑誌』(日本図書館協会)や『情報の科学と技術』(情報科学技術協会)の広告，等を通じて，随時，広報されていますので，これらの情報をご覧ください。

　1980年1月に，学術審議会の答申「今後における学術情報システムの在り方について」が

示され,この答申に基づいて,その後の文部省(現,文部科学省)の学術情報政策が推進されました。そして,1986年4月に学術情報センター（National Center for Science Information Systems：略称NACSIS)が設立され,2000年4月にはNACSISを廃止・転換して,国立情報学研究所(NII)が設置されました[45]。

今日のNIIの目録所在情報サービス(NACSIS-CAT/ILL)は,長年,NACSIS-CAT/ILLに携わられてきたNACSISとNIIの教職員によって開発・整備され,NACSIS-CAT/ILLの書誌データを作成してきた全国の大学図書館職員,等によって支えられてきました。現在,NACSIS-CAT/ILLの書誌データは,NACSIS Webcat(1997年4月1日提供開始－2013年3月8日終了)とその後継のCiNii Books(2011年11月9日提供開始)等を通じて,世界中から検索できるようになっています。学術情報を探索する際に,幅広い利用者が,書誌ユーティリティとしてのNACSIS-CAT/ILLから恩恵を受ける時代になりました。

歴代のNACSISとNIIの教職員の皆様,NACSIS-CAT/ILLの書誌データを作成する大学図書館職員の皆様方の努力の蓄積があったからこそ,IAALは,IAAL認定試験「総合目録－図書」「総合目録－雑誌」「情報サービス－文献提供」を設計・開発することができました。各種の認定試験が,社会や関連領域(業界)で一定の評価を得るには,個々の試験が10年程度継続的に実施されることが不可欠であると思います。IAAL認定試験が定着し,一定の評価を得ることができれば,大学図書館における専門職員認定制度の評価ポイントのひとつとして,活用される可能性も高まります[46][47]。

2010年に,長谷川昭子(日本大学)と薬袋秀樹(筑波大学)の研究を通じて,検定試験制度の継続実施には,初年度に約650万円,次年度以降は毎年450万円が必要であるとの費用試算がなされました[48]。2009年以降,IAALはIAAL認定試験を年2回(春季・秋季)開催してきましたが,IAAL認定試験の運営経費を確保するために,NPO法人としてさまざまなご苦労があったのではないかと推察します。IAAL認定試験が図書館界のささやかな基盤として継続できるように,大学図書館等で働く図書館職員の皆様,大学図書館職員を目指す学生・社会人の皆様方に,IAAL認定試験に幅広くチャレンジしていただけますと幸いです。

IAAL認定試験が継続的に実施され,社会や関連領域(業界)で評価される認定試験に育つことを,IAAL認定試験の準備段階から実施までの検討に参加した者の一人として,見守って参りたいと思います。

注・引用文献

1) 高野真理子. 特集, 図書館の「応援団」：NPO法人大学図書館支援機構のミッション. 図書館雑誌. 2007.10, vol.101, no.10, p.682-683.
2) "特定非営利活動法人大学図書館支援機構定款." 特定非営利活動法人大学図書館支援機構. http://www.iaal.jp/_files/about/teikan20141209.pdf 参照は, p.[1].
3) IAALの諸活動は, 以下の文献で紹介されている. 牛崎進. 特集, 図書館業務のアウトソーシング：アウトソーシングと大学図書館論. 情報の科学と技術. 2007.7, vol.57, no.7, p.320-324. 牛崎進. 大学図書館の新たな発展をめざして：NPO法人大学図書館支援機構の発足報告(第9回図書館総合展). 薬学図書館. 2008.1, vol.53, no.1, p.40-46. 牛崎進. 特集, 大学図書館：大学図書館をつなぐ新たな試み：NPO法人「大学図書館支援機構」の活動. Lisn. 2008.9, no.137, p.14-17.
4) 竹内比呂也. "第1章 大学図書館の現状と政策." 変わりゆく大学図書館. 逸村裕, 竹内比呂也編. 勁草書房, 2005.7, p.3-18. 参照は, p.3-8.
5) 日本図書館協会図書館調査事業委員会編. 日本の図書館：統計と名簿. 2017[年版], 日本図書館協会, 2018.2, 515p. 参照は, p.230-233.
6) 佐藤翔, 逸村裕. 大学図書館における外部委託状況の量的調査. Library and Information Science. 2008.12, no.60, p.1-27. 参照は, p.4-7.
7) 野中郁次郎, 紺野登. 知識経営のすすめ：ナレッジマネジメントとその時代. 筑摩書房, 1999.12, 238p., (ちくま新書, 225). 参照は, p.104-115.
8) 図書館情報大学生涯学習教育研究センター編. すべての図書館に専門職員の資格制度を：大学, 公共, 専門, 病院図書館と司書養成の現場から. つくば, 図書館情報大学生涯学習教育研究センター, 2002.8, 62p. 参照は, p.6-11.
9) 薬袋秀樹. 特集, 図書館員の専門性向上と研修：図書館職員の研修と専門職の形成：課題と展望. 図書館雑誌. 2002.4, vol.96, no.4, p.230-233.
10) 上田修一, 根本彰. 「情報専門職の養成に向けた図書館情報学教育体制の再構築に関する総合的研究」最終報告書. 日本図書館情報学会誌. 2006.6, vol.52, no.2, p.101-128.
11) 図書館情報学検定試験については, 以下の文献で紹介されている. 根本彰. 特集, 図書館情報学教育の行方：今後の図書館員養成と検定試験構想. 図書館雑誌. 2009.4, vol.103, no.4, p.229-232. 根本彰. 図書館情報学検定試験の実施計画について. 図書館雑誌. 2009.9, vol.103, no.9, p.640-643. 根本彰, 上田修一, 小田光宏, 永田治樹共著. 図書館情報学検定試験問題集. 日本図書館協会, 2010.4, 163p. 根本彰[研究代表者]. 図書館情報学検定試験報告書. 東京大学大学院教育学研究科生涯学習基盤経営コース, 2015.3, 109p. 図書館情報学検定試験のためのテキストとして, 以下の図書が刊行されている. 根本彰編. 図書館情報学基礎. 東京大学出版会, 2013.5, viii,267p., (シリーズ図書館情報学, 第1巻). 根本彰, 岸田和明編. 情報資源の組織化と提供. 東京大学出版会, 2013.7, viii,198p., (シリーズ図書館情報学, 第2巻). 根本彰編. 情報資源の社会制度と経営. 東京大学出版会, 2013.6, viii,286p. (シリーズ図書館情報学, 第3巻).
12) 薬袋秀樹. 「司書の専門的知識の自己評価試験」の提案. 図書館雑誌. 1999.3, vol.93, no.3, p.221.
13) 科学技術・学術審議会 学術分科会 研究環境基盤部会 学術情報基盤作業部会. 学術情報基盤の今後の在り方について：報告. [文部科学省], 2006.3, 100p. この報告書は, 文部科学省のWebページで公開(http://www.mext.go.jp/b_menu/shingi/gijyutu/gijyutu4/toushin/__icsFiles/afieldfile/2013/07/16/1213896_001.pdf). 参照は, p.59.
14) 大庭一郎, 桑原智美. "国立大学の図書館職員の採用試験問題の分析：国家公務員採用Ⅱ種試験「図書館学」と国立大学法人等職員採用試験「事務系(図書)」を中心に." 2007年日本図書館情報学会春季研究集会発表要綱. 2007年日本図書館情報学会春季研究集会事務局編. つくば, 日本図書館情報学会, 2007.3, p.15-18.
15) 道路交通法. http://law.e-gov.go.jp/htmldata/S35/S35HO105.html
16) 道路交通法施行規則. http://law.e-gov.go.jp/htmldata/S35/S35F03101000060.html
17) 国家公安委員会. 交通の方法に関する教則(平成29年10月30日現在). http://www.npa.go.jp/koutsuu/kikaku/kyousoku/index.htm
18) 問題の研究：出題傾向の分析：仮免・本免・学科教習別. 平尾出版, [1990], 128p.
19) 長信一. これだけ覚える普通免許問題. 成美堂出版, 2010.2, 191p. 参照は, p.10.

20) 長信一. 一発合格！普通免許一問一答問題集. 高橋書店, 2011.7, 159p. 参照は, p.2-3.
21) 高野真理子. 大学図書館業務研修のインストラクショナル・デザイン. 大学図書館研究. 2011.3, no.91, p.15-23. 引用は, p.21.
22) NPO法人大学図書館支援機構(IAAL). 特集, 働きながら学ぶⅢ 専門図書館に役立つ資格・検定：IAAL大学図書館業務実務能力認定試験について. 専門図書館. 2013.5, no.259, p.10-14.
23) NPO法人大学図書館支援機構. IAAL大学図書館業務実務能力認定試験受験案内：総合目録－図書初級(第8回)・総合目録－雑誌中級(第1回). [2014.1], A4判1枚. http://www.iaal.jp/_files/news/140427_juken.pdf
24) 学術情報センター編. 目録情報の基準. 第4版, 学術情報センター, 1999.12, 1冊. http://catdoc.nii.ac.jp/MAN/KIJUN/kijun4.html
25) 国立情報学研究所学術基盤推進部学術コンテンツ課編. 目録システム利用マニュアル. 第6版, 国立情報学研究所学術基盤推進部学術コンテンツ課, 2011.12, 1冊. http://catdoc.nii.ac.jp/MAN/CAT6/mokuji.html
26) 国立情報学研究所学術基盤推進部学術コンテンツ課[編]. 目録システムコーディングマニュアル. 国立情報学研究所学術基盤推進部学術コンテンツ課, 2016.7, 1冊. http://catdoc.nii.ac.jp/MAN2/CM/mokuji.html
27) 国立情報学研究所. 目録システム講習会テキスト 図書編. 平成26年度, 国立情報学研究所, 2014.4, iii,142p. http://www.nii.ac.jp/hrd/ja/product/cat/text/webuip/ttxt2014.pdf
28) 国立情報学研究所. 目録システム講習会テキスト 雑誌編. 平成26年度, 国立情報学研究所, 2014.4, iii,182p. http://www.nii.ac.jp/hrd/ja/product/cat/text/webuip/ztxt2014.pdf
29) 日本図書館協会目録委員会編. 日本目録規則. 1987年版改訂3版, 日本図書館協会, 2006.6, xxii,445p.
30) Anglo-American Cataloguing Rules. 2nd ed.,2002 revision, Chicago, American Library Association, 2002, 1v.
31) 情報・システム研究機構国立情報学研究所学術基盤推進部学術コンテンツ課編. ILLシステム操作マニュアル. 第7版, 情報・システム研究機構国立情報学研究所学術基盤推進部学術コンテンツ課, 2012.3, 1冊. http://catdoc.nii.ac.jp/MAN/ILL7/index.html
32) 情報・システム研究機構国立情報学研究所学術基盤推進部学術コンテンツ課編. ILLシステム操作マニュアル：ISO ILLプロトコル対応. 第3版, 情報・システム研究機構国立情報学研究所学術基盤推進部学術コンテンツ課, 2010.12, 1冊. http://catdoc.nii.ac.jp/MAN/ISO3/index.html
33) 国立情報学研究所. NACSIS-ILLシステム講習会テキスト. 国立情報学研究所, [2012.4], iii,101p. http://www.nii.ac.jp/hrd/ja/product/ill/illtxt2012.pdf
34) NPO法人大学図書館支援機構. 「IAAL大学図書館業務実務能力認定試験」について. 図書館雑誌. 2010.2, vol.104, no.2, p.90-93.
35) IAAL認定試験問題集編集委員会編. IAAL大学図書館業務実務能力認定試験問題集. 2012年版, NPO法人大学図書館支援機構, 2012.4, iv,131p.
36) IAAL認定試験問題集編集委員会編. IAAL大学図書館業務実務能力認定試験問題集：専門的図書館員をめざす人へ. 2014年版, 樹村房, 2013.10, 161p. 2014年版の書評は, 以下の文献で紹介されている. 加藤晃一. 資料紹介. 大学の図書館. 2014.5, vol.33, no.5, p.77-79. 慈道佐代子. 書評. 図書館界. 2014.9, vol.66, no.3, p.234-235. 茂出木理子. 書評. 大学図書館研究. 2014.12, no.101, p.125-126. IAAL認定試験問題集編集委員会編. IAAL大学図書館業務実務能力認定試験問題集：専門的図書館員をめざす人へ. 2016年版, 樹村房, 2015.9, 241p.
37) 前掲21) p.22.
38) "IAALニュースレター." 特定非営利活動法人大学図書館支援機構. https://www.iaal.jp/newsletter/index.shtml IAAL認定試験の概要は, no.3, p.1-6(2009.5), no.4, p.10-11(2009.10), no.5, p.2-7(2010.3), no.6, p.2-5(2010.7), no.7, p.2-5(2010.10), no.8, p.2-7,10-11(2011.3), no.9, p.6-10(2011.10), no.10, p.6-11(2012.4), no.11, p.4-10(2012.10), no.12, p.6-10(2013.4), no.13, p.8-9(2013.10), no.14, p.2-10(2014.4), に記されている.
39) IAAL認定試験は, 以下の文献でも紹介されている. NPO法人大学図書館支援機構. 特集, 「資格認定」の取り組み－協会認定司書を位置づけていくために：「IAAL大学図書館業務実務能力認定試験」の実施状況とこれから. 図書館雑誌. 2012.10, vol.106, no.10, p.711-713. 高野真理子. 2012年度第2回研究集会報告テーマ, 図書館情報学の資格認定制度と検定試験：IAAL認定試験が目指すもの. 日本図書館協会図書館学教育部会会報. 2013.3, no.103, p.10-12. 高野真理子. 特集, 大学図書館2014：大学図書館の研修の事業化. 図書館雑誌. 2014.12, vol.108, no.12, p.806-807.
40) NPO法人大学図書館支援機構. IAAL大学図書館業務実務能力認定試験マイスター. 2015.6, A4判2枚. http://

www.iaal.jp/_files/examination/IAALMeister.pdf

41) 4年制大学で図書館情報学を専攻する学部生の中には, IAAL認定試験問題集とNACSIS-CAT/ILLセルフラーニング教材（http://www.nii.ac.jp/hrd/ja/product/cat/slcat.html）を活用して試験勉強に取り組み, 在学中に「総合目録－図書初級」に合格する学生も誕生している。学部生の合格体験記は, IAALニュースレターのno.14, p.9(2014.4)に掲載。

42) 優れた教科書等の一例として, 次の文献が挙げられる。田窪直規編. 情報資源組織論. 改訂, 樹村房, 2016.3, xv,201p., (現代図書館情報学シリーズ, 9). 小西和信, 田窪直規編. 情報資源組織演習. 改訂, 樹村房, 2017.3, xiv,263p., (現代図書館情報学シリーズ, 10). 上田修一, 蟹瀬智弘. RDA入門：目録規則の新たな展開. 日本図書館協会, 2014.2, x,205p., (JLA図書館実践シリーズ, 23). 宮沢厚雄. 分類法キイノート：日本十進分類法［新訂10版］対応. 増補第2版, 樹村房, 2017.2, 104p. 宮沢厚雄. 目録法キイノート：日本目録規則［1987年版改訂3版］対応. 樹村房, 2016.3, 104p. 宮沢厚雄. 検索法キイノート：図書館情報検索サービス対応. 樹村房, 2018.2, 144p. 蟹瀬智弘. NDCへの招待：図書分類の技術と実践. 樹村房, 2015.5, 293p. 蟹瀬智弘. やさしく詳しいNACSIS-CAT. 樹村房, 2017.8, xiii,249p.

43) レファレンス資料に関する名著として, 次の文献が挙げられる。長澤雅男, 石黒祐子共著. レファレンスブックス：選びかた・使いかた. 新訂版, 日本図書館協会, 2015.1, x,242p.

44) 大庭一郎. "8章 各種情報源の特徴と利用法." 情報サービス論. 山﨑久道編. 樹村房, 2012.4, p.173-202, (現代図書館情報学シリーズ, 5). この文献では, 長澤雅男の提唱した情報・文献探索の枠組みが, 文献・情報探索の概念図(p.188-189)にまとめられており, 「質問内容の種類」と「利用するレファレンス資料の種類」の類型を示したものとして, 幅広く活用することができる。

45) 宮澤彰. 図書館ネットワーク：書誌ユーティリティの世界. 丸善, 2002.3, vi,193p., (情報学シリーズ, 5). 参照は, p.45-51.

46) 片山俊治. 特集, 大学図書館2009：大学図書館における専門職員認定制度の可能性：国立大学図書館協会中国四国地区協会「図書・学術情報系専門員資格認定制度」をモデルとして. 図書館雑誌. 2009.11, vol.103, no.11, p.750-755.

47) 甲斐重武. 2012年度第2回研究集会報告テーマ, 図書館情報学の資格認定制度と検定試験：大学図書館における資格認定の試み：国立大学図書館協会中国四国地区協会「図書・学術情報系専門資格認定制度」の評価と改善. 日本図書館協会図書館学教育部会会報. 2013.3, no.103, p.4-6.

48) 長谷川昭子, 薬袋秀樹. 専門図書館職員のための認定資格制度. Library and Information Science. 2010.12, no.64, p.109-133. 参照は, p.117-118,133.

(URL最終確認：2018年3月14日)

資料① IAAL認定試験の試験科目一覧

IAAL認定試験では,「総合目録－図書初級」「総合目録－雑誌初級」「総合目録－図書中級」「総合目録－雑誌中級」「情報サービス－文献提供」の5種類の試験を実施しています。各試験の概要(2018年3月現在)は,以下のとおりです。

総合目録－図書初級 総合目録－雑誌初級	出題形式 試験時間 合格基準 受験料 受験資格	正誤式のマークシート試験　100問 50分 正答率80％以上(正解80問以上) 4,000円(IAAL会員3,000円,学生2,000円) 資格制限なし
総合目録－図書中級	出題形式 試験時間 合格基準 受験料 受験資格	多肢選択式のマークシート試験　150問 90分 正答率80％以上(正解120問以上) 5,000円(IAAL会員4,000円,学生2,500円) 「総合目録－図書初級」合格者
総合目録－雑誌中級	出題形式 試験時間 合格基準 受験料 受験資格	多肢選択式のマークシート試験　150問 90分 正答率80％以上(正解120問以上) 5,000円(IAAL会員4,000円,学生2,500円) 「総合目録－雑誌初級」合格者,もしくは 「総合目録－図書中級」合格者
情報サービス－文献提供	出題形式 試験時間 合格基準 受験料 受験資格	正誤式のマークシート試験　100問 50分 正答率80％以上(正解80問以上) 5,000円(IAAL会員4,000円,学生2,500円) 資格制限なし

　2015年7月,IAALは,IAAL認定試験の受験・合格を通じて,5種類の試験の知識・実務能力の自己研鑽と継続学習に努めた者を認定し,大学図書館業務に携わる者の自己研鑽の努力を奨励するとともに,大学図書館業務に携わる者のキャリア形成に資することをねらいとして,「IAAL大学図書館業務実務能力認定試験マイスター」(略称,IAAL試験マイスター)を新設しました。IAAL試験マイスターには,以下の3段階(ランク)があり,それぞれ認定申請できます。
　　・IAAL試験マイスター(ブロンズ)　3種類合格した者
　　・IAAL試験マイスター(シルバー)　4種類合格した者
　　・IAAL試験マイスター(ゴールド)　5種類合格した者
　IAAL認定試験の受験案内,および,IAAL試験マイスターの詳細は,IAALのWebページをご覧ください。

資料② IAAL認定試験の出題枠組み

　IAAL認定試験では，各試験科目に5つの「出題領域」を設け，毎回，その枠組みに基づいて問題を構成しています。「総合目録－図書初級」と「総合目録－雑誌初級」は，各領域内に「範囲」と「テーマ」を設定し，100問出題されます。「総合目録－図書中級」と「総合目録－雑誌中級」は，「目録の基礎」以外は和洋で領域が分かれ，150問出題されます。「情報サービス－文献提供」の場合は，「出題領域」と「出題区分」を設定し，両者を組合せながら100問の問題を構成しています。

　今回の問題集では，各章の問題は以下の出題枠組みに沿った内容となっています。出題枠組みは，IAAL認定試験の学習ポイント，および，NACSIS-CATに関する学習ポイントとして活用できます。各章の問題・解説を読む際に，これらの出題枠組みを念頭に置いて，本書を利用してください。

【総合目録－図書初級】

範囲	テーマ
領域Ⅰ．総合目録の概要	
NACSISの概要・目的	共同分担入力方式
	CATとILLの関係
	CiNii Books, Webcat Plus
	参加館のダウンロード利用
データベース構成	書誌ファイル
	所蔵ファイル
	典拠ファイル
	参照ファイル
	図書と雑誌
	レコードとファイル
	共有データと参加館固有データ
	データの修正と削除
リンク関係	リンクの種類
	書誌レコードと所蔵レコード
	書誌レコードと書誌レコード
	書誌レコードと著者名典拠レコード
	書誌レコードと統一書名典拠レコード
参照ファイル	参照ファイルの特性
	目録システム間リンク
規則	目録情報の基準
	コーディングマニュアル
	目録規則
	区切り記号法
	転記の原則
	情報源
検索のしくみ	インデックス検索の特徴
	漢字統合インデックス
	ストップワード，デリミタ

範囲	テーマ
領域Ⅱ．各レコードの特徴	
書誌単位・書誌構造	図書書誌レコード作成単位
	書誌構造
	出版物理単位
	バランスしない書誌構造
	固有のタイトル
著者名典拠レコード	著者名典拠の機能
	著者名典拠レコード作成単位
統一書名典拠レコード	統一書名典拠の機能
	統一書名典拠レコード作成単位
所蔵レコード	所蔵レコード作成単位
領域Ⅲ．検索の仕組み	
インデックスの切り出し	TITLEKEY
	AUTHKEY
	PUBLKEY, PUBPKEY
	AKEY
	その他のキー
	分かち書きとヨミ
検索機能	正規化
	検索キーフィールド，前方一致等
	論理積
有効な検索キー	有効な検索キーとは
	ISBNでの検索
	タイトルでの検索
	編著者での検索
	その他の検索
	書誌データから読み解く有効な検索キー
領域Ⅳ．書誌同定	
書誌同定	
領域Ⅴ．総合	
「範囲」「テーマ」を設定せず，情報源の図を用いて，目録に関する総合的な問題を出題	

【総合目録-雑誌初級】

領域Ⅰ. 総合目録の概要

範囲	テーマ
NACSISの概要・目的	共同分担入力方式
	CATとILLの関係
	CiNii Books, Webcat Plus
	参加館のダウンロード利用
データベース構成	書誌ファイル
	所蔵ファイル
	典拠ファイル
	参照ファイル
	タイトル変遷ファイル
	図書と雑誌
	レコードとファイル
	共有データと参加館固有データ
	データの修正と削除
リンク関係	リンクの種類
	書誌レコードと所蔵レコード
	書誌レコードと著者名典拠レコード
	変遷前後誌
	タイトル変遷マップ
参照ファイル	参照ファイルの特性
	システム間リンク
規則	目録情報の基準
	コーディングマニュアル
	目録規則
	転記の原則
	区切り記号法
	情報源
検索のしくみ	インデックス検索の特徴
	漢字統合インデックス
	ストップワード, デリミタ

領域Ⅱ. 各レコードの特徴

範囲	テーマ
書誌単位・書誌構造	雑誌書誌レコード作成単位
	タイトル変遷
	基準とする号
著者名典拠レコード	著者名典拠の機能
	著者名典拠レコード作成単位
タイトル変遷マップ	タイトル変遷マップの機能
	変遷報告
所蔵レコード	所蔵レコード作成単位
	巻レベル・号レベル
	書誌と所蔵の巻次年月次の関係

領域Ⅲ. 検索の仕組みと書誌の同定

範囲	テーマ
インデックスの切り出し	TITLEKEY
	AUTHKEY
	PUBLKEY, PUBPKEY
	AKEY
	その他のキー
	分かち書きとヨミ
検索機能	正規化
	検索キーフィールド, 前方一致等
	論理積
有効な検索キー	有効な検索キーとは
	ISSNでの検索
	タイトルでの検索
	編著者での検索
	その他の検索
書誌同定	書誌同定

領域Ⅳ. 所蔵レコードの記入方法

所蔵年次(HLYR)
所蔵巻次(HLV)
継続受入(CONT)

領域Ⅴ. 総合

「範囲」「テーマ」を設定せず,情報源の図を用いて,目録に関する総合的な問題を出題

【総合目録-図書中級】

＊各領域内の項目の内容や配分は，回によって異なります。

領域Ⅰ．目録の基礎
登録総論，参照ファイルからの流用入力，削除予定レコード化，書誌修正指針
書誌単位，書誌階層の意味，固有のタイトル，図書と雑誌
転記の原則・文字セット，ヨミと分かち，区切り記号
著者名典拠コントロールの意味
目録規則，情報源，入力レベル
コードブロック，記述ブロック，主題ブロック（分類，件名）
各種資料のマニュアル　など

領域Ⅱ．書誌作成・和図書
複製・原本代替資料
付属資料
更新資料
GMD/SMD
YEAR, CNTRY, REPRO
TTLL/TXTL/ORGL
VOL, ISBN, PRICE, XISBN
その他のコードフィールド
TR
ED
PUB
PHYS
VT
CW
NOTE
PTBL
AL
UTL
CLS, SH

領域Ⅳ．書誌作成・洋図書
複製・原本代替資料
付属資料
更新資料
GMD/SMD
YEAR, CNTRY, REPRO
TTLL/TXTL/ORGL
VOL, ISBN, PRICE, XISBN
その他のコードフィールド
TR
ED
PUB
PHYS
VT
CW
NOTE
PTBL
AL
UTL
CLS, SH

領域Ⅲ．総合・和図書

	流用	新規	修正
階層あり・階層なし			
出版物理単位			
複製版，非売品等々			

領域Ⅴ．総合・洋図書

（英語・独語・仏語）	流用	新規	修正
階層あり・階層なし			
出版物理単位			
複製版，非売品等々			

【総合目録−雑誌中級】

＊各領域内の項目の内容や配分は，回によって異なります。

領域Ⅰ．目録の基礎
登録総論，参照ファイルからの流用入力，削除予定レコード化
書誌単位，図書と雑誌，基準とする号，複製資料
転記の原則・文字セット，ヨミと分かち，区切り記号
著者名典拠コントロールの意味
目録規則，情報源，入力レベル
コードブロック，記述ブロック，主題ブロック
電子ジャーナル　など

領域Ⅱ．書誌作成・和雑誌
タイトル変遷
複製資料
総称的タイトル
GMD/SMD
YEAR, CNTRY, REPRO
TTLL/TXTL/ORGL
PSTAT, FREQ, REGL, TYPE
ISSN, その他のコードフィールド
TR
ED
VLYR
PUB
PHYS
VT
NOTE
FID/BHNT
AL

領域Ⅳ．書誌作成・洋雑誌
タイトル変遷
複製資料
総称的タイトル
GMD/SMD
YEAR, CNTRY, REPRO
TTLL/TXTL/ORGL
PSTAT, FREQ, REGL, TYPE
ISSN, その他のコードフィールド
TR
ED
VLYR
PUB
PHYS
VT
NOTE
FID/BHNT
AL

領域Ⅲ．総合・和雑誌	流用	新規	修正
初号あり・初号なし			
軽微な変化／書誌変遷			
復刻版，巻次変更等々			

領域Ⅴ．総合・洋雑誌（英語・独語・仏語）	流用	新規	修正
初号あり・初号なし			
軽微な変化／書誌変遷			
復刻版，巻次変更等々			

【情報サービス－文献提供】

出題領域

内容	出題対象
領域Ⅰ．文献提供総論	
文献入手の仕組み，相互貸借の理念や運用，著作権などの文献提供に関わる基礎知識	国立情報学研究所の図書館間相互利用関係法令および申合せサイト（http://www.nii.ac.jp/CAT-ILL/archive/illmanual/law.html「大学図書館における著作権問題Q&A」等） 基本辞書の使い方
領域Ⅱ．書誌事項の解釈	
文献リストから文献種別の判定や書誌事項を読み取る能力	SIST 学術論文の書き方に関する資料 『相互利用マニュアル』（NPO法人日本医学図書館協会）等
領域Ⅲ．文献探索	
文献種別に応じた入手法，文献データベースの特徴と検索手法，サーチエンジンを通じた文献入手	雑誌記事，図書・雑誌，新聞記事，学位論文，統計（主に政府刊行物），規格，法令・判例等の各データベース， オープンアクセス，機関リポジトリの検索方法
領域Ⅳ．所蔵調査	
大学図書館およびその他国内の所蔵，海外の所蔵	NACSIS-CATの検索（『目録情報の基準』『目録システム利用マニュアル』等），国立国会図書館の検索（NDL-OPAC，NDLサーチ，『国立国会図書館図書協力ハンドブック』），各サイトの利用マニュアル
領域Ⅴ．ILLシステム	
NACSIS-ILLの利用に関する問題	『ILLシステム操作マニュアル』 『NACSIS-ILLシステム講習会テキスト』

出題区分

問題種別		出題内容
基礎問題		最新の文献提供に関わる用語や，データベース，ILLの基礎知識
応用問題	基本辞書	レファレンス業務に必要な，基本的な辞書・事典類を活用するための知識
	図書	図書（単行書のほか，学位論文や規格，法令・判例資料なども含む）の書誌情報を読み解き，文献を的確に提供できる知識
	雑誌	雑誌（新聞なども含む）の書誌情報を読み解き，文献を的確に提供できる知識
	テーマ	特定のテーマをもとに，それに関する文献を広く探索し提供できる知識

資料③ 出典・参考教材一覧：「総合目録」・「情報サービス―文献提供」（領域Ⅴ）

　「総合目録」の問題の出典は，おもに下記の資料によります。これらの資料のほとんどはインターネット上で参照することができますので，本書とあわせて適宜参照してください。
　「情報サービス―文献提供」の出典については，「総合目録」のようにまとまったテキストはありませんが，資料②に出題の枠組みをまとめていますので，そちらをご覧ください。領域ⅤのILLシステムに関する出典・教材のみ，ここに掲載しています。
- ここに記したURLは2018年3月現在のものです。
- セルフラーニング教材については，国立情報学研究所の要領に従ってご利用ください。

出典・参考文献	省略形
目録情報の基準　第4版　国立情報学研究所	基準
総合目録初級の試験では，NACSIS-CATおよび総合目録データベースの概要や知識等を問うているため，その基本的な考え方を示した『目録情報の基準』から多くの問題を出題しています。また，ヨミや分かち書きの規則なども，この『基準』を参照してください。 http://catdoc.nii.ac.jp/MAN/KIJUN/kijun4.html	
目録システム利用マニュアル　第6版　国立情報学研究所	利用マニュアル
具体的な検索の仕組みについて知るには，この中でも2.7検索の仕組み，付録C.インデクス作成仕様，付録D.特殊文字・記号などが参考になります。 http://catdoc.nii.ac.jp/MAN/CAT6/mokuji.html	
ILLシステム操作マニュアル　第7版　国立情報学研究所	操作マニュアル
http://catdoc.nii.ac.jp/MAN/ILL7/index.html	
ILLシステム操作マニュアル ISO ILLプロトコル対応 第3版 国立情報学研究所	
http://catdoc.nii.ac.jp/MAN/ISO3/index.html	

出典・参考文献	省略形

目録システム講習会テキスト 図書編・雑誌編 平成26年度
国立情報学研究所

テキスト

総合目録の出題範囲の内容は，目録システム講習会のテキストにも簡潔にまとめられています。下記のサイトに公開されていますので，誰でも参照することができます。
http://www.nii.ac.jp/hrd/ja/product/cat/text_index.html

ILLシステム講習会テキスト 国立情報学研究所

テキスト

国立情報学研究所主催のILLシステム講習会は平成24年度をもって終了しましたが，テキストは下記のサイトに公開されています。
http://www.nii.ac.jp/hrd/ja/product/cat/text_index.html

目録システムコーディングマニュアル 国立情報学研究所

C.M.

総合目録初級は検索，同定，所蔵登録ができることを評価するものですので，コーディングマニュアルについては，0.4のみを出題の範囲としています。また，16章図書所蔵レコード，17章雑誌所蔵レコードも参考にするとよいでしょう。
総合目録中級は，『日本目録規則』『Anglo-American Cataloguing Rules』とあわせて，このコーディングマニュアルを適宜参照する必要があります。
http://catdoc.nii.ac.jp/MAN2/CM/mokuji.html

NACSIS-CAT/ILLセルフラーニング教材 国立情報学研究所

ILLシステム講習会の内容はすべてe-ラーニング化されています。
目録システム講習会の内容についても，順次e-ラーニング化が進められており，2015年度には講習会カリキュラムの内，書誌登録までがこのセルフラーニング教材で学習できるようになりました。NACSIS-CATに関するさまざまな知識が分かりやすくまとめられていますので，講習会に参加できなかった方，講習会参加からしばらく時間が経ってしまった方など，国立情報学研究所の利用規定に従って，この教材を利用してください。
http://www.nii.ac.jp/hrd/ja/product/cat/slcat.html

日本目録規則 改訂3版 日本図書館協会

NCR

総合目録中級では，和資料の目録についての問題で，常に参照する必要があります。

Angro-American Cataloguing Rules. 2nd ed., 2002 revision.

AACR2

総合目録中級では，洋資料の目録についての問題で，常に参照する必要があります。

NACSIS-CAT/ILLに関する参考サイト

■ 国立情報学研究所 目録所在情報サービス http://www.nii.ac.jp/CAT-ILL/
 （国立情報学研究所が運営する，目録所在情報サービスの総合的なページです。）
■ NACSIS-CAT/ILL Q&A DB https://cattools.nii.ac.jp/qanda/kensaku.php
 （日々の目録業務で発生する質問と回答が蓄積されています。）

資料④ IAAL認定試験の実施状況

【実施状況】

年度	開催日	開催場所	科目	回次
2009 春季	2009年 5月17日(日)	東京・名古屋	総合目録-図書初級	第1回
2009 秋季	2009年11月15日(日)	東京・大阪	総合目録-図書初級	第2回
2010 春季	2010年 5月16日(日)	東京・大阪・福岡	総合目録-図書初級	第3回
			総合目録-雑誌初級	第1回
2010 秋季	2010年11月 7日(日)	東京・大阪	総合目録-図書中級	第1回
			総合目録-雑誌初級	第2回
2011 春季	2011年 6月 5日(日)	東京・名古屋	総合目録-図書初級	第4回
			総合目録-雑誌初級	第3回
2011 秋季	2011年11月20日(日)	東京・大阪	総合目録-図書中級	第2回
			総合目録-雑誌初級	第4回
2012 春季	2012年 5月27日(日)	東京・大阪	総合目録-図書初級	第5回
			総合目録-雑誌初級	第5回
2012 秋季	2012年11月 4日(日)	東京・大阪	総合目録-図書初級	第6回
			情報サービス-文献提供	第1回
2013 春季	2013年 5月19日(日)	東京・大阪	総合目録-図書中級	第3回
			総合目録-雑誌初級	第6回
2013 秋季	2013年11月10日(日)	東京・名古屋・北九州	総合目録-図書初級	第7回
			情報サービス-文献提供	第2回
2014 春季	2014年 4月27日(日)	東京・大阪	総合目録-図書初級	第8回
			総合目録-雑誌中級	第1回
2014 秋季	2014年11月 9日(日)	東京・大阪	総合目録-図書中級	第4回
			情報サービス-文献提供	第3回
2015 春季	2015年 5月24日(日)	東京・大阪	総合目録-図書初級	第9回
			総合目録-雑誌初級	第7回
2015 秋季	2015年11月15日(日)	東京・名古屋・北九州	総合目録-図書初級	第10回
			情報サービス-文献提供	第4回
2016 春季	2016年 5月15日(日)	東京・大阪	総合目録-雑誌初級	第8回
			総合目録-図書中級	第5回
2016 秋季	2016年11月13日(日)	東京・大阪	総合目録-図書初級	第11回
			情報サービス-文献提供	第5回
2017 春季	2017年 5月28日(日)	東京・大阪	総合目録-図書初級	第12回
			総合目録-雑誌中級	第2回
2017 秋季	2017年11月 5日(日)	東京・大阪	総合目録-雑誌初級	第9回
			情報サービス-文献提供	第6回

【受験者・合格者・合格率】

科目		応募者	受験者	合格者	合格率
総合目録-図書初級	第1回	221	216	112	51.9%
	第2回	216	207	78	37.7%
	第3回	146	139	72	51.8%
	第4回	154	147	78	53.1%
	第5回	134	129	72	55.8%
	第6回	176	169	77	45.6%
	第7回	141	134	72	53.7%
	第8回	123	116	65	56.0%
	第9回	168	159	80	50.3%
	第10回	166	159	68	42.8%
	第11回	167	157	44	28.0%
	第12回	169	153	72	47.1%
小計		1,981	1,885	890	47.2%
総合目録-雑誌初級	第1回	88	76	52	68.4%
	第2回	70	64	22	34.4%
	第3回	27	24	10	41.7%
	第4回	66	60	18	30.0%
	第5回	67	60	42	70.0%
	第6回	83	75	32	42.7%
	第7回	157	149	71	47.7%
	第8回	135	124	65	52.4%
	第9回	109	101	65	64.4%
小計		802	733	377	51.4%
総合目録-図書中級	第1回	106	103	44	42.7%
	第2回	59	58	24	41.4%
	第3回	82	81	29	35.8%
	第4回	58	55	27	49.1%
	第5回	96	94	43	45.7%
小計		401	391	167	42.7%
総合目録-雑誌中級	第1回	28	27	16	59.3%
	第2回	53	50	11	22.0%
小計		81	77	27	35.0%
情報サービス-文献提供	第1回	100	97	35	36.1%
	第2回	85	83	24	28.9%
	第3回	105	103	29	28.2%
	第4回	144	141	42	29.8%
	第5回	132	121	26	21.5%
	第6回	100	93	15	16.1%
小計		666	638	171	26.8%
累計		3,931	3,724	1,632	43.8%

第2章

「総合目録−図書初級」過去問題

IAAL 大学図書館業務実務能力認定試験.

「総合目録－図書初級」　第1回（2009年5月）

試　験　問　題

注意事項

1. 指示があるまで開いてはいけません。
2. 問題は100題で、解答時間は50分です。
3. 設問の番号と解答用紙の番号は対になっています。設問の番号どおりに解答がマークされているか、十分注意してください。
4. この試験問題は、後で回収します。切り取ったり、転記したり、持ち帰ったりしてはいけません。
5. 解答用紙は機械処理しますので、折ったり曲げたりしないでください。

「*」がついている問いは、終了もしくは変更が生じたサービスが含まれているため、2018年4月時点では問題文として成立しないものです。

NPO法人大学図書館支援機構

「総合目録・初級」では、NACSIS-CAT を正確かつ効率的に検索し、所蔵登録ができる能力があることを評価します。

以下の 100 問は、NACSIS-CAT についての説明文です。正しい場合はマークシート欄の〇を、間違っている場合はマークシート欄の×をぬりつぶしてください。

I. 総合目録の概要

問1. NACSIS-CAT は、参加館が共同分担入力方式で形成する書誌ユーティリティである。

問2. NACSIS-ILL では、NACSIS-CAT の書誌レコードを検索した結果を用いて依頼レコードを作成することができる。原則として、NACSIS-CAT と NACSIS-ILL システム両方の利用が前提である。

＊問3. 総合目録データベースのデータは、インターネットで公開されている。総合目録データベースにレコードが登録されると、Webcat や Webcat Plus でリアルタイムに検索することができる。

問4. 総合目録データベースに登録した書誌レコードは、各参加館がダウンロードして自館の蔵書データベースや OPAC に利用することも可能である。

問5. 総合目録データベースの書誌ファイルには、参照レコードも一緒に納められている。

問6. 所蔵ファイルには、図書所蔵ファイルと雑誌所蔵ファイルがあり、ファイル名は BOOK と SERIAL である。

問7. 典拠ファイルには、著者名典拠ファイルと統一書名典拠ファイルがあるが、これらは図書のみに関係するファイルである。

問8. NACSIS-CAT の参照ファイルのレコードは、総合目録データベースの書誌レコード、典拠レコードとリンクしている。

問9. 参照ファイルは、各作成機関で作成された MARC を、NACSIS-CAT のレコード形式にフォーマット変換した形で提供されている。

問10. 米国議会図書館作成の図書書誌の参照ファイル USMARC は、著者名典拠ファイル USMARCA とリンクしている。

問11. 終期を予定せず逐次的に刊行され、かつ個々の出版物理単位を識別・順序付けする番号があるものを雑誌と定義し、それ以外を図書とする。

問12. 総合目録データベースの書誌レコードは、図書書誌ファイルと雑誌書誌ファイルに分かれて収められている。各書誌ファイルの中に、和資料と洋資料が混在している。

問13. 書誌レコードと典拠レコードは、共有レコードであり、所蔵レコードと参加組織レコードは各参加館の固有のレコードである。

問14. 共有レコードである書誌レコードや典拠レコードは、重複登録をしてはいけない。また、修正は修正指針に基づいて行ない、参加館が削除することはできない。

問15. 除籍等で NACSIS-CAT のデータを削除する際は、各参加館で所蔵レコードと書誌レコードを削除しなければならない。

問16. 図書書誌レコードに関するリンク関係は、書誌レコードと所蔵レコード、親書誌レコードと子書誌レコード、書誌レコードと著者名典拠レコード、書誌レコードと統一書名典拠レコードの4種類である。

問17. 所蔵レコードを登録する場合、まず総合目録データベースに書誌レコードがあるか検索し、あればそれに所蔵レコードを登録すると、書誌レコードに自館の所蔵レコードがリンクされることになる。

問18. 書誌構造リンクは，シリーズまたはセットものにおける各冊の書誌単位と，全体を表す書誌単位のそれぞれについてレコードを作成し，前者（子書誌レコード）から後者（親書誌レコード）に対してリンク形成を行うものである。この関係づけは，

いわばシリーズ名典拠コントロールに相当する。

問19. 著者名典拠レコードの標目を修正すると、そこにリンクされているすべての書誌レコードの著者標目形が修正される。

問20. 図書書誌レコードを作成する際、USMARC 等で Uniform Title として記述されているものは、統一書名典拠レコードを作成し、リンク形成する必要がある。

問21. 参照ファイルは修正することができない。また、参照ファイルのレコード間にはリンク関係は無く、所蔵登録することもできない。

*問22. 参照ファイルのうち、OCLC は、国際標準である情報検索プロトコル Z39.05 を用いて、検索が可能になっており、NACSIS-CAT 内では MARC21 のレコード形式で表示される。

問23. 共同分担入力方式をとる NACSIS-CAT においては、参加館間で共通の理解が重要であるため、『目録情報の基準』でデータベースの構造や、データベース作成のための原則を示している。

問24. コーディングマニュアルは、入力の際、各フィールドにどのようにデータを記録するかを示したものである。

問25. 総合目録データベースの書誌レコードは、和資料と洋資料は同じファイルに収められているが、和資料と洋資料では準拠する目録規則が異なる。

問26. 各レコードのデータ要素は、フィールド毎に区切り記号を用いて記述する。区切り記号の使用法は記述文法と呼ばれ、コーディングマニュアルに示されている。

問27. NACSIS-CAT の検索は、検索の際入力した検索キーと、登録されているデータから自動的に切出されたインデクスを照合し、その結果一致したレコードが表示される仕組みとなっている。

問28. 総合目録データベースの検索用インデクスは、各フィールド内のサブフィールド毎に1つずつ作成される。

問29. 文字セット UCS には似た形や意味の漢字が多数あり、このことによる検索漏れを防ぐため、検索用インデクスは統合文字に正規化し、検索キーも同じルールで変換して照合する仕組みになっている。

問30. ストップワード（前置詞・冠詞等）を検索キーに使用した場合、NACSIS·CAT サーバ側では除去されないので、クライアントによって除去する仕組みになっていなければ、ヒットしないことになってしまう。

II. 各レコードの特徴

問31. 同じタイトル、責任表示の資料でも、資料種別、版、書誌構造のいずれかが異なれば別書誌レコードを作成する。

問32. 図書書誌レコードは、複数書誌レベルの書誌レコードからなる場合、集合書誌単位（親書誌）と単行書誌単位（子書誌）の2レコードで表現する。

問33. 下記の図書の書誌構造は2階層であり、「岩波新書」という親書誌レコードに、「未来を作る図書館」が子書誌レコードとしてリンクしている。

```
未来を作る図書館　菅谷明子著（岩波新書　新赤版 837）
```

問34. 固有のタイトルとみなせない巻次等や部編名は、書誌レコードの VOL フィールドに記述し、ひとつの書誌レコード内に複数の出版物理単位を表現する。

問35. 下記の図書の子書誌レコードの本タイトルは「作家・作品 A-F」である。

```
フランス文学研究文献要覧　杉捷夫［ほか］編
　　第2巻　作家・作品 A-F
　　（20世紀文献要覧大系；11. 外国文学研究文献要覧　4）
```

問36. 基本的に所蔵レコードは子書誌レコードにリンクし、バランスしない書誌構造の場合以外は、親書誌レコードに所蔵レコードがリンクすることはありえない。

問37. 書誌単位になるかどうかの判断は、固有のタイトルとみなせるかどうかによる。例えば同じ責任表示で「詩歌」「戯曲」「小説」の3冊で刊行されたものは、1書誌で表現する。

問38. 固有のタイトルとみなせないものの中に、アジア⇔アフリカ⇔北アメリカ…といった地域名や、明治⇔大正…といった年代的区分がある。

問39. 著者名典拠レコードのリンクは必須となっているので、著者名典拠ファイルを検索し、リンクされている書誌レコードをたどることによって、ある著者の著作を網羅的に検索することができる。

問40. 著者の標目形を決定する際に、著者名典拠ファイルを検索し、既にその著者のレコードが作成されていれば、リンクすることで統一された形の標目形が記述できる。

問41. 著者名典拠レコードは、常に日本目録規則に準拠して作成する。

問42. 著者名典拠レコードの作成単位は、原則として1著者1レコードであるが、同一著者が2以上のペンネームを使い分けている場合、それぞれの名称を標目としたレコードを作成する。

問43. 統一書名典拠レコードは、無著者名古典等の作品の様々な名称から検索できるようにするためのものである。

問44. 統一タイトル標目の選定は，図書書誌レコードの作成において採用される目録規則に従い1作品1レコードとするが、音楽作品においては例外的に集合タイトルも認められている。

問45. 上下2冊からなる書誌レコードに同じ配置コードの所蔵を登録する際、1つの所蔵レコード内にVOLフィールドを繰り返して記録する。

III. 検索の仕組み

問46. TITLEKEYは、TRDフィールドの"△/△"までの部分をデリミタごとに語を切り出し、正規化して作成される。

問47. 著者名リンク（AL）フィールドの著者標目形(AHDNG)から、デリミタごとに語を切り出してAUTHKEYが作成される。

問48. 出版地・頒布地等はインデクスが作成されないので、検索対象とならない。

問49. XISBNフィールドからは、ISBNKEYは作成されない。

問50. TRフィールドに「ライフサイエンス」を持つ資料を検索する場合に、「TITLE=ライフ　サイエンス」は正しい検索キーである。

問51. TRフィールドに「第XV回」を持つ資料を検索する場合に、「TITLE=ダイジュウゴ　カイ」は正しい検索キーである。

問52. TRフィールドに「バレー」を持つ資料を検索する場合に、「TITLE=バレエ」は正しい検索キーである。

問53. キーワードフィールドでは、複数検索キーの指定はできるが、前方一致検索はできない。

問54. 検索キーをスペース、またはコンマで区切って複数の検索キーを指定すると、それぞれの検索キーの論理和による検索を行う。

問55. 検索キーとして検索画面に入力するアラビア数字は、全角でも半角でも良い。

問56. ISBNが「464260086X」の資料を検索するとき、ISBNフィールドに464260086Xと入力して検索してヒットしなかった場合、4642*と入力して検索しなおすのが有効である。

問57. H.C.ミシコフ著、森田良民訳「人工知能のビジネス・トレンド」（啓学出版, 1987）を検索する場合、「TITLE=ビジネストレンド」は有効な検索キーである。

問58. D. W. Krummel「Bibliographies：Their Aims and Methods」を検索する場合に、「FTITLEKEY=bibliographies」は有効な検索キーである。

- 次の図書書誌レコードを総合目録データベース（BOOK）で検索する場合の検索キーとして、有効な場合は○を、有効でない場合は×としなさい。

> データ構造とアルゴリズム / A.V.エイホ, J.E.ホップクロフト, J.D.ウルマン著 ； 大野義夫訳<データ コウゾウト アルゴリズム>. -- (BN00849227)
> 　東京 ： 培風館, 1987.3
> 　x, 387p ； 22cm. -- (情報処理シリーズ ； 11)
> ISBN: 4563007919
> 別タイトル: Data structures and algorithms
> 著者標目: Aho, Alfred V., 1941- ； Hopcroft, John E., 1939- ； Ullman, Jeffrey D., 1942- ； 大野, 義夫(1946-)<オオノ, ヨシオ>

問59. TITLE=情報　処理　データ　構造

問60. TITLE＝データ構造

問61. TITLE=data structures algorithms

問62. AUTH=エイホ

- 次の図書書誌レコードを総合目録データベース（BOOK）で検索する場合の検索キーとして、有効な場合は○を、有効でない場合は×としなさい。

```
CP/M-86 入門：その機能・仕組み・使い方 / 北原拓也著<CP/M-86 ニュウモン：ソノ キノウ シクミ ツカイカタ>. -- (BN0005871X)
  東京：CQ出版, 1983.3
  183p；21cm. -- (CQ red backs)
  ISBN: 4789831515
  著者標目：北原, 拓也<キタハラ, タクヤ>
```

問63.　TITLE=CP　M　86

問64.　TITLE=CP　M86

問65.　TITLE=入門　機能　仕組み

問66.　AUTH=北原拓也*

- 次の図書書誌レコードを総合目録データベース（BOOK）で検索する場合の検索キーとして、有効な場合は○を、有効でない場合は×としなさい。

> Geography and geographers : Anglo-American human geography since 1945 / R.J. Johnston. -- 3rd ed. -- (BA01266823)
>   London : Edward Arnold, 1987
>   xv, 304 p. ; 22 cm
>   注記: Previous ed.: 1983 ; Bibliography: p. 248-295 ; Includes indexes
>   ISBN: 0713165189
>   著者標目: Johnston, R. J. (Ronald John), 1941-

問67.　TITLE=Geography geographers anglo american 1945

問68.　FTITLEKEY=GEOGRAPHYANDGEOGRAPHERS

問69.　AKEY=GEOGAH

問70.　AUTH=Johnston Ronald John

IV. 書誌同定

- 71 から 76 に挙げる項目のうち、他の情報がまったく同じである場合でも、NACSIS-CAT において別書誌作成の根拠となりうる場合は○、根拠とならない場合は×としなさい。

問71.　ISBN の相違

問72.　出版者の相違

問73. 前付けページ数の相違

問74. 大きさの 1cm の相違

問75. シリーズ名の有無

問76. シリーズ番号の相違

- 77 から 78 に挙げる項目のうち、他の情報がまったく同じである場合、同一の書誌と考えてよい場合は○、そうでない場合は×としなさい。

問77. 初版と改訂版

問78. 第 1 刷と第 5 刷

- 79 から 80 に挙げる項目のうち、他に別書誌となる根拠が無い場合、同一書誌と考えてよい場合は○、そうでない場合は×としなさい。

問79. 第 1 巻と第 2 巻

問80. VOL の刊行途中で出版者が変更になったもの

V. 総合

- 情報源の図（図1）から、この図書を総合目録データベースで検索する際の説明文で、正しいものは〇、間違っているものは×としなさい。

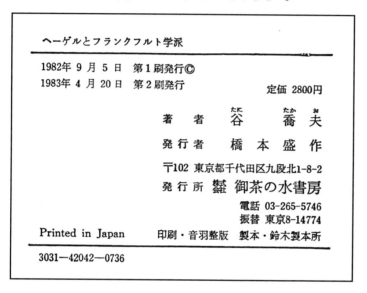

図1

問81. 図1の図書の1982年は著作権登録年であり、出版年ではない。

問82. PUB「橋本盛作」は図1の図書の有効な検索キーである。

問83. AUTH「たに たかお」は図1の図書の有効な検索キーである。

問84. 図1の図書のISBNは「3031420420736」である。

問85. TITLE「フランクフルト学派」は、図1の図書の有効な検索キーである。

- 情報源の図（図2）から、この図書を総合目録データベースで検索する際の説明文で、正しいものは〇、間違っているものは×としなさい。

```
First Published 1984 by
Mansell Publishing Limited
(A subsidiary of The H. W. Wilson Company)
6 All Saints Street, London N1 9RL, England
950 University Avenue, Bronx, New York 10452, U.S.A.

Second printing, 1986

© D. W. Krummel 1984

All rights reserved. No part of this publication may be reproduced or
transmitted in any form or by any means, electronic or mechanical,
including photocopy, recording or any information storage or retrieval
system, without permission in writing from the publishers or their
appointed agents.

British Library Cataloguing in Publication Data
Krummel, D. W.
   Bibliographies,
   1. Bibliography
   I. Title
   010      Z1001
   ISBN 0-7201-1687-2, cloth
   ISBN 0-7201-1824-7, paper
```

図2

問86. この図2の図書は「Second printing」と表示されているので、第2版である。

問87. 図2の下部で「cloth」「paper」の前に表示されているISBNは、それぞれの装丁に対するISBNである。

- 図3の図書の説明文で正しいものは○、そうでないものは×としなさい。

図3

問88. （ア）の部分を標題紙という。

問89. （イ）の部分を奥付といい、ここは TR フィールド, ED フィールド、PUB フィールド等の情報源である。

問90. この改訂版の出版年は 2007 年である。

問91. タイトルでの検索キーとして「光と磁気　改訂版」は有効な検索キーである。

問92. この図書の所蔵レコードを登録するのは、次の書誌レコードである。

```
光と磁気 / 佐藤勝昭著<ヒカリ ト ジキ>. -- (BN02171906)
    東京 : 朝倉書店, 1988.4
    vi, 196p ; 22cm. -- (現代人の物理 ; 1)
    注記: 各章末: 参考文献
    ISBN: 4254136218
    著者標目: 佐藤, 勝昭(1942-)<サトウ, カツアキ>
    分類: NDC8：427.1 ; NDC8：425 ; NDC8：427.8 ; NDLC：MC131
    件名: 磁気 ; 光学 ; 磁気光学"
```

問93. この図書の所蔵レコードを登録するのは、次の書誌レコードである。

```
現代人の物理<ゲンダイジン ノ ブツリ>. -- (BN02171917)
    東京 : 朝倉書店
```

- 図4の図書の説明文で正しいものは○、そうでないものは×としなさい。

図4

問94. この図書の所蔵レコードを登録するのは、次の書誌レコードである。

```
政府開発援助(ODA)白書 / 外務省 [編]<セイフ カイハツ エンジョ ODA ハクショ>.
-- (BA57424634)
    東京 : 外務省, 2002-
    ([東京] : 財務省印刷局)
    冊 ; 30cm. -- 2001年版;2005年版;2006年版
    注記: 2002年版-2004年版, 2007-2008年版は子書誌
    著者標目: 外務省<ガイムショウ>
```

問95. この図書の所蔵レコードを登録するのは、次の書誌レコードである。

```
日本の国際協力 / 外務省 [編]<ニホン ノ コクサイ キョウリョク>. -- (BA84916992)
    [東京] : 外務省, 2007.12-
    冊 ; 30cm. -- (政府開発援助(ODA)白書 / 外務省 [編];2007年版-2008年版) --
    2007;2008
    著者標目: 外務省<ガイムショウ>
```

問96. この図書の所蔵レコードを登録するのは、次の書誌レコードである。

```
日本の国際協力 / 外務省編<ニホン ノ コクサイ キョウリョク>. -- (BA84646683)
    東京 : 佐伯印刷, 2008-
    冊 ; 30cm. -- (政府開発援助(ODA)白書 / 外務省編;2007-2008年版) --
    2007年版;2008年版
    注記: 2008年版の発行: 時事画報社 ; 挿図, 地図あり
    著者標目: 外務省<ガイムショウ>
```

- 図5の図書の説明文で正しいものは○、そうでないものは×としなさい。

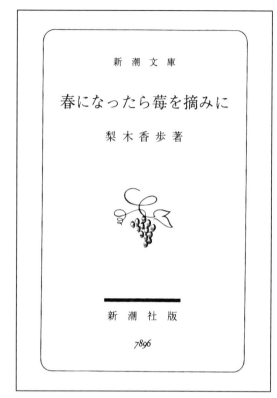

図5

問97. この図書の所蔵レコードを登録するのは、次の書誌レコードである。

```
春になったら苺を摘みに / 梨木香歩著<ハル ニ ナッタラ イチゴ オ ツミニ>. --
(BA75845689)
    東京 : 新潮社, 2006.3
    254p ; 16cm. -- (新潮文庫 ; な-37-6)
    ISBN: 4101253366
    著者標目: 梨木, 香歩(1959-)<ナシキ, カホ>
```

問98. この図書の所蔵レコードを登録するのは、次の書誌レコードである。

```
春になったら苺を摘みに / 梨木香歩[著]<ハル ニ ナッタラ イチゴ オ ツミニ>. --
(BA56269707)
    東京 : 新潮社, 2002.2
    189p ; 20cm
    ISBN: 4104299022
    著者標目: 梨木, 香歩(1959-)<ナシキ, カホ>
```

- 図6の図書の説明文で正しいものは○、そうでないものは×としなさい。

```
First published by Earthscan in the UK and USA in 2007        (A)

Copyright © Michael Hopkins, 2007

Reprinted 2007, 2008. Paperback edition published in 2009.

All rights reserved

ISBN:   978-1-84407-356-6  hardback
        978-1-84407-610-9

Typesetting by Composition & Design Services
Printed and bound in the UK by CPI Antony Rowe, Chippenham, Wiltshire
Cover design by Susanne Harris
Cover photos by the author – Canary Wharf, London and a Vocational School
Residence near Hanoi, Vietnam

For a full list of publications please contact:

Earthscan
Dunstan House, 14a St Cross Street
London, EC1N 8XA
Tel: +44 (0)20 7841 1930
Fax: +44 (0)20 7242 1474
Email: earthinfo@earthscan.co.uk
Web: www.earthscan.co.uk

22883 Quicksilver Drive, Sterling, VA 20166-2012, USA

Earthscan publishes in association with the International Institute for Environment
and Development

A catalogue record for this book is available from the British Library

Library of Congress Cataloging-in-Publication Data        (B)

Hopkins, Michael, 1945 Nov. 16-
  Corporate social responsibility and international development : are
corporations the solution? / Michael Hopkins.
    p. cm.
  ISBN-13: 978-1-84407-356-6 (hardback)
  ISBN-10: 1-84407-356-4 (hardback)
  1. Social responsibility of business–Developing countries. 2. International
business enterprises–Moral and ethical aspects–Developing countries.
3. Economic assistance–Developing countries. I. Title. HD60.5.D44H67 2006
658.4'08–dc22
                                                           2006011978

The paper used for the text pages of this book
is FSC certified. FSC (the Forest Stewardship
Council) is an international network to promote
responsible management of the world's forests.
```

図6

問99. （A）の部分の情報によると、このペーパーバック版の図書の所蔵レコードを登録するのは、次の書誌レコードである。

> Corporate social responsibility and international development : is business the solution? / Michael Hopkins. -- (BA80745537)
>   London : Earthscan, 2007
>   xvi, 243 p. ; 25 cm -- : hardback
>   注記: Includes index
>   ISBN: 9781844073566(: hardback)
>   著者標目: Hopkins, M. (Michael), 1945-

問100. （B）の部分は米国議会図書館の CIP データである。

(終)

IAAL 大学図書館業務実務能力認定試験.

「総合目録－図書初級」　第 2 回（2009 年 11 月 15 日）

試　験　問　題

注意事項

1. 指示があるまで開いてはいけません。
2. 問題は 100 題で、解答時間は 50 分です。
3. 設問の番号と解答用紙の番号は対になっています。設問の番号どおりに解答がマークされているか、十分注意してください。
4. この試験問題は、後で回収します。切り取ったり、転記したり、持ち帰ったりしてはいけません。
5. 解答用紙は機械処理しますので、折ったり曲げたりしないでください。

「*」がついている問いは、終了もしくは変更が生じたサービスが含まれているため、2018 年 4 月時点では問題文として成立しないものです。

NPO 法人大学図書館支援機構

「総合目録-図書初級」では、NACSIS-CAT を正確かつ効率的に検索し、所蔵登録ができる能力があることを評価します。

以下の 100 問は、NACSIS-CAT についての説明文です。正しい場合はマークシート欄の〇を、間違っている場合はマークシート欄の×をぬりつぶしてください。

I. 総合目録の概要

問1. NACSIS-CAT は、書誌情報の共有を行い、大学図書館等における目録業務の負担を軽減するため、オンライン共同分担入力方式を採用している。

問2. NACSIS-CAT により構築される総合目録データベースは、NACSIS-ILL（図書館間相互貸借システム）にも活用されている。

＊問3. 総合目録データベースのデータは、Webcat および WebcatPlus にも活用されており、これらは総合目録データベースと同様、リアルタイムのデータ更新を特徴としている。

問4. 各参加館は、総合目録データベースのデータをダウンロードすることができるが、そのデータの利用範囲は目録業務のみに限定されている。

問5. 総合目録データベース内には、図書書誌ファイルと雑誌書誌ファイル、参照ファイルがあり、その外部に所蔵ファイルや典拠ファイル等が置かれている。

問6. 所蔵レコードには、参加館の所蔵情報や、書誌レコードには記録できない参加組織固有の情報が記録されている。

問7. 統一書名典拠ファイルには、図書用と雑誌用の 2 種類があり、それぞれのファイル名は BTITLE、STITLE である。

問8. 参照ファイルとは、各目録作成機関が NACSIS-CAT のファイル形式に沿って作成した MARC のことである。

問9. 参照ファイルのレコードは、様々な目録規則等に従って記述されているため、これを流用し書誌を作成する場合は、総合目録データベースの入力基準に沿った修正が必要である。

問10. 参照ファイルにも図書書誌、雑誌書誌、著者名典拠、統一書名典拠の各ファイルがあるが、これらのレコード間にリンク関係は存在していない。

問11. 図書か雑誌かの判断がつきにくい資料などは、図書書誌ファイル、雑誌書誌ファイルの双方にレコードを作成することができ、これは重複書誌とみなされない。

問12. 図書書誌ファイル内の各レコードは、TTLL（本タイトルの言語コード）あるいはTXTL（本文の言語コード）の値にもとづいて、和資料ファイル、洋資料ファイルのいずれかに納められている。

問13. 総合目録データベースのレコードには、共有のレコードと固有のレコードがあり、前者は書誌レコード、所蔵レコード、典拠レコード、後者は参加組織レコードである。

問14. 所蔵レコードと参加組織レコードの修正は、その当該館の判断で行うことができる。

問15. 共有レコードの修正方法は、修正すべき内容によって「発見館が慎重に修正」「作成館と協議」など対応が異なっており、その指針はコーディングマニュアルで規定されている。

問16. 総合目録データベースを検索し、該当の書誌に所蔵を登録すると、書誌レコードにその所蔵レコードがリンクされ、書誌・所蔵データ間リンクが形成される。

問17. シリーズや全集等の書誌構造はPTBLフィールドに記述されるが、親書誌レコードと子書誌レコードのリンク形成は「可能な限り行う」とされている。

問18. 著者名典拠ファイルは、書誌レコードの著者標目の形を統一し、一元的に管理するためのファイルである。

問19. 2008年度末現在、NACSIS-CATで利用できる参照ファイルは約30種類であり、それらの作成機関は15カ国にのぼる。

問20. 現在の参照ファイルはすべて、国際標準である情報検索プロトコルZ39.50を用いて直接各書誌ユーティリティへの検索利用を可能とする「目録システム間リンク」という方式を採用している。

問21. 『目録情報の基準』は、NACSIS-CATを利用する上で知っておくべきデータベースの構造等を解説したものである。また、文字入力の原則や分かち書きなど、データ作成のための原則もまとめられている。

問22. 書誌データを入力する際の記述方法を指示したものを記述文法といい、これはコーディングマニュアルで詳述されている。

問23. 資料の和洋区分は、原則として、規定の情報源に表示されたタイトルの言語によるが、不適当な場合は本文の言語で判断する。また、この区分により準拠する目録規則が異なっている。

問24. データ要素の区切り記号は、システムがデータ要素を識別するための"しるし"であり、これはISBD（国際標準書誌記述）に概ね準拠している。

問25. 資料に表示されている事項をデータ入力する際、原則として資料に表示されているままの字体等を使用することになっており、これを転記の原則という。

問26. 目録規則及びコーディングマニュアルでは、記述のよりどころとなる情報源を規定しており、和資料も洋資料もすべての項目について標題紙（タイトルページ）を最優先の箇所としている。

問27. 登録されたレコードのデータからは、一定の規則（正規化）にそった検索用インデクスが作成されるが、検索時にキーボード等から入力された検索キーは正規化されない。

問28. タイトルが漢字表記形の場合、検索用インデックスは、レコードに記録されたタイトルの表記形とヨミを照らし合わせて、ヨミの分かち書きを参考にして作成される。

問29. NACSIS-CAT で採用している UCS（国際符号化文字集合）には、似た形や同じ意味の漢字が多くある。このことによる検索漏れを防ぐため、似た形や同じ意味の漢字を含めて統合検索を可能にする「漢字統合インデックス」が採用されている。

問30. ストップワードやデリミタを検索キーに使用する場合の処理方法はクライアントによって異なっているため、実作業時にはそのクライアントの処理方法を確認しておくことが重要である。

II. 各レコードの特徴

問31. 書誌レコードは、それ自身の固有のタイトル、著者等によって書誌的に他と区別される資料（単行書誌）又はある資料群全体（集合書誌）についての書誌的記録（書誌単位）ごとに作成する。

問32. 図書書誌ファイルにおいては、1つの資料に対して、書誌構造がある場合、すべての階層ごとに書誌レコードを作成する。

問33. 下記の図書のように3階層の書誌構造をもつ場合は、「お言葉ですが...」という子書誌レコードと最上位の「文春文庫」という親書誌レコードがリンクし、最下位の「広辞苑の神話」は子書誌の CW フィールドに記述されている。

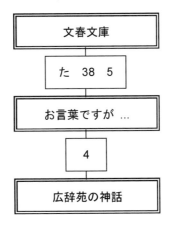

問34. 明治⇔大正⇔昭和といった「部編名」にあたるものでも、各編の責任表示が異なる場合は、その名称と固有の著者等によって互いに区別されるので、書誌単位として扱われる。

問35. 下記の図書について、各編の責任表示がまったく同一の場合、この図書の書誌構造は2階層であり、「角川日本地名大辞典」という親書誌レコードに、「京都府　上　総説・地名編」という子書誌レコードがリンクし、「26」は親書誌単位との関係を示す番号である。

> 角川日本地名大辞典　26　京都府　上　総説・地名編

問36. 第1巻と第2巻は固有のタイトルがないのに、第3巻以降固有のタイトルがつくようになった場合、第1巻と第2巻にあわせ、第3巻以降の各巻のタイトルはVOLフィールドに記述されている。従って、所蔵レコードもVOLフィールドを追加して登録する。

問37. 書誌単位になるかどうかの判断は、固有のタイトルとみなせるかどうかによる。例えば、各編の責任表示がまったく同一で、「石器時代」「青銅器時代」「鉄器時代」の3冊で刊行されたものは、1書誌で表現する。

問38. 各編の責任表示がまったく同一の場合、「付録」「追補」「補遺」は固有のタイトルとはみなさないので、書誌単位とはならない。

問39. 著者標目（ALフィールド）は、目録規則に従った標目形を記述するが、その際、既にその著者の典拠レコードが存在すれば、典拠レコードにリンクすることで、統一された形の標目形を埋め込むことができる。

問40. 著者名典拠ファイルを検索し、リンクをたどることによって、総合目録データベース内の同一著者の書誌レコードを、すべて検索することができる。

問41. 夏目漱石の著作に「夏目金之助著」と書かれていても「夏目　漱石」で検索できるよう、著者名典拠レコードは「夏目, 漱石」「夏目, 金之助」それぞれを作成し、相互にリンクづけられている。

問42. 著者名典拠レコードの作成単位は、団体の内部組織は内部組織までを含めた形で採用する。

問43. 統一書名典拠レコードとリンク形成を行うと、UTL フィールドには、統一標目形と、リンク先統一書名典拠レコードのレコード ID が表示される。

問44. 複数の言語のタイトルがある無著者名古典（例：『千夜一夜物語』、『アラビアンナイト』、『Arabian night』、『Alf laylah wa-laylah』）は、日本目録規則に従った統一書名典拠レコードと、英米目録規則に従った統一書名典拠レコードを作成し、相互にリンク参照する。

問45. 所蔵レコードは、常に出版物理単位ごとに 1 つずつ作成する。

III. 検索の仕組み

問46. 『On the job』というタイトルの場合、「on the」は TITLEKEY とならない。

問47. AUTHKEY には、著者名だけでなく「編」や「著」などの役割表示を示す語が含まれる場合がある。

問48. 出版者・頒布者等もインデクスが切り出されるので検索対象となる。

問49. TTLL=jpn の和資料の場合、TRD（タイトル及び責任表示）からは、1，3，5 番目の文字が順番に組み合わされて AKEY が作成される。

問50. TRフィールドの本タイトルに「2010年」を持つ資料を検索する場合に、「TITLE=ニセンジュウ　ネン」は正しい検索キーである。

問51. TRフィールドの本タイトルに「学生たち」を持つ資料を検索する場合に、「TITLE=ガクセイタチ」は正しい検索キーである。

問52. TRフィールドの本タイトルに「理想の図書館」を持つ資料を検索する場合に、「TITLE=リソウノ　トショカン」は正しい検索キーである。

問53. 検索時には、コードフィールドには検索キーを1つしか入力することができない。

問54. 前方一致検索は、1文字以上の検索キーの末尾に＊を指定して行う。

問55. 検索キーとして検索画面に入力されたローマ字は、大文字と小文字を区別して検索される。

問56. ISBNで検索して総合目録データベースの書誌が1件だけヒットした場合でも、ヒットした書誌が所蔵登録の対象となる書誌であるとは限らない。

問57. 大井邦雄著『シェークスピアをめぐる航海』（早稲田大学出版部　1984）を検索する場合に、「TITLE=シェイクスピア」は有効な検索キーである。

問58. 『Changing Views of Cajal's Neuron』（Amsterdam : Elsevier, 2002）を検索する場合に、「TITLE= Cajals Neuron」は、有効な検索キーである。

- 次の図書書誌レコードを総合目録データベース（BOOK）で検索する場合の検索キーとして、有効な場合は〇を、有効でない場合は×としなさい。

> シャーロック・ホームズの科学捜査を読む：ヴィクトリア時代の法科学百科 / E・J・ワグナー著；日暮雅通訳<シャーロック ホームズ ノ カガク ソウサ オ ヨム：ヴィクトリア ジダイ ノ ホウカガク ヒャッカ>. -- (BA88851276)
> 　　東京：河出書房新社, 2009.1
> 　　286p；20cm
> 　　ISBN: 9784309205175
> 　　著者標目：Wagner, E. J.；日暮, 雅通(1954-)<ヒグラシ, マサミチ>

問59.　TITLE=シャロック　ホムズ

問60.　TITLE=科学捜査

問61.　AUTH=Wagner

問62.　AUTH=ワグナー著

- 次の図書書誌レコードを総合目録データベース（BOOK）で検索する場合の検索キーとして、有効な場合は〇を、有効でない場合は×としなさい。

> メールの常識非常識：E-mail ハンドブック / 恩田ひさとし著<メール ノ ジョウシキ ヒジョウシキ：E-mail ハンドブック>. -- (BA5315285X)
> 　　東京：キルタイムコミュニケーション, 2001.7
> 　　193p；19cm
> 　　ISBN: 4906650937
> 　　著者標目：恩田, ひさとし<オンダ, ヒサトシ>

問63.　TITLE=メール　常識　非常識

問64.　TITLE=email　ハンドブック

問65.　PUBL=キルタイム　コミュニケーション

問66.　AUTH=恩田ひさとし

- 次の図書書誌レコードを総合目録データベース（BOOK）で検索する場合の検索キーとして、有効な場合は〇を、有効でない場合は×としなさい。

> Take-overs : their relevance to the stock market and the theory of the firm / Ajit Singh. -- (BA01069221)
>   Cambridge [Eng.] : University Press, 1971
>   x, 174 p. ; 24 cm. -- (University of Cambridge. Department of Applied Economics. Monographs ; 19)
>   注記: Continuation of Growth, profitability and valuation ; Bibliography: p. [167]-170 ; Includes index
>   ISBN: 0521082455
>   著者標目: Singh, Ajit

問67.　TITLE=take　overs

問68.　TITLE=growth　profitability

問69.　FTITLE=takeovers

問70.　AUTH=SINGH　AJIT

IV. 書誌同定

- 書誌同定に関する次の文章のうち、正しいものは〇、間違っているものは×としなさい。

問71. 手元の資料と検索結果の書誌データとを照合したところ、他の情報は一致していたが、手元の資料にはシリーズ名がどこにも表示されていないのに対し、書誌データの PTBL フィールドにはシリーズ名が記入されていた。この場合は、この書誌と同定してよい。

問72. 手元の資料と検索結果の書誌データとを照合したところ、他の情報は一致していたが、シリーズ番号だけが異なっていた。この場合は、この書誌と同定してよい。

問73. 手元の資料と検索結果の書誌データとを照合したところ、他の情報は一致していたが、後付のページ数だけが異なっていた。この場合は、この書誌と同定してよい。

問74. 手元の資料と検索結果の書誌データとを照合したところ、他の情報は一致していたが、手元の資料では税込み 900 円と表示されているのに対し、書誌データの PRICE フィールドには 850 円と記入されていた。この場合は、この書誌と同定してよい。

問75. 手元の資料と検索結果の書誌データとを照合したところ、他の情報は一致していたが、タイトル関連情報だけが異なっていた。これらの本タイトル、タイトル関連情報ともシリーズ名には該当せず、タイトル関連情報の相違とみなせる場合、この書誌と同定してよい。

問76. 手元の資料と検索結果の書誌データとを照合したところ、他の情報は一致していたが、印刷年だけが異なっていた。この場合は、この書誌と同定してよい。

問77. 手元の資料と検索結果の書誌データとを照合したところ、他の情報は一致していたが、手元の資料は複製版であるのに対し、書誌データはオリジナルの初版のものであった。この場合は、この書誌と同定してよい。

問78. 手元の資料と検索結果の書誌データとを照合したところ、他の情報は一致していたが、手元の資料はタイトルが旧字で表示されているのに対し、書誌データのTRフィールドのタイトルは新字で記入されていた。この場合は、この書誌と同定してよい。

問79. 手元の資料と検索結果の書誌データとを照合したところ、他の情報は一致していたが、手元の資料はDVD−VIDEOであるのに対し、書誌データはVHSビデオテープのものであった。この場合は、この書誌と同定してよい。

問80. 手元の資料と検索結果の書誌データとを照合したところ、他の情報は一致していたが、手元の資料は3巻セットであるのに対し、書誌データは5巻セットのものであった。この場合は、この書誌と同定してよい。

V. 総合

- 図1の図書の説明文で、正しいものは○、間違っているものは×としなさい。

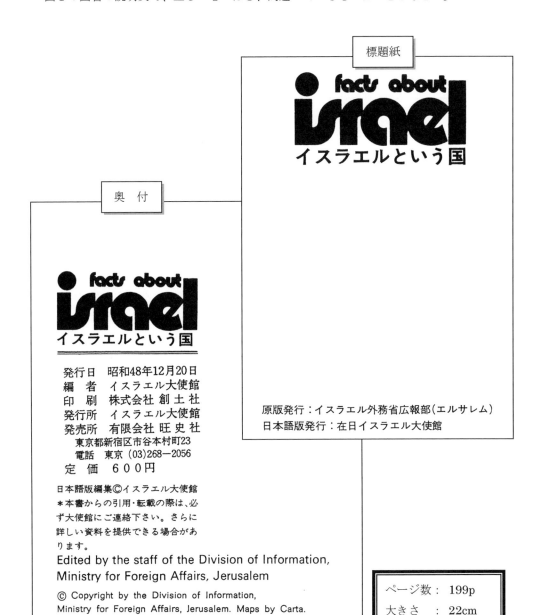

図1

問81. 図1の図書の所蔵レコードを登録するのは、次の書誌レコードである。

```
イスラエルという国 / イスラエル大使館編<イスラエル ト ユウ クニ>. --
(BN15275201)
    東京 : 在日本イスラエル大使館, 1969.2
    196p ; 18cm
    著者標目: 日本大使館(在イスラエル)<ニホン タイシカン>
```

問82. 図1の図書の所蔵レコードを登録するのは、次の書誌レコードである。

```
イスラエルという国 / イスラエル大使館編<イスラエル ト イウ クニ>. --
(BN04863194)
    東京 : イスラエル大使館, 1978
    196p ; 19cm
    別タイトル: Facts about Israel
    著者標目: 日本大使館(在イスラエル)<ニホン タイシカン>
```

- 図2の図書の説明文で、正しいものは○、間違っているものは×としなさい。

標題紙

知っておきたい

相続税の常識

[第11版]

小池正明 著

奥付

著者との契約により検印省略

平成9年10月15日　初　版　発　行
平成21年7月15日　第11版発行

知っておきたい
相続税の常識
〔第11版〕

著　者　　小　池　正　明
発行者　　大　坪　嘉　春
整版所　　ハピネス情報処理サービス
印刷所　　税経印刷株式会社
製本所　　株式会社三森製本所

発　行　所　東京都新宿区　　株式　税務経理協会
　　　　　　下落合2丁目5番13号　会社
郵便番号 161-0033　振替 00190-2-187408　電話 (03) 3953-3301 (編集部)
　　　　　　FAX (03) 3565-3391　　　　　　(03) 3953-3325 (営業部)
　　　　URL http://www.zeikei.co.jp/
　　　　乱丁・落丁の場合はお取り替えいたします。

Ⓒ 小池正明 2009　　　　　　　Printed in Japan

本書を無断で複写複製（コピー）することは、著作権法上の例外を除き、禁じられています。本書をコピーされる場合は、事前に日本複写権センター（JRRC）の許諾を受けてください。
　JRRC〈http://www.jrrc.or.jp　eメール：info@jrrc.or.jp　電話：03-3401-2382〉

ISBN978－4－419－05384－0　C2032

ページ数：2, 9, 291p
大きさ　：22cm

図2

問83. PUB「ハピネス情報処理」は、図2の図書の有効な検索キーである。

問84. この図2のように978から始まる13桁のISBNを検索する場合は、検索キーには先頭の978を入れても入れなくても同じ検索結果が得られる。

問85. 図2の図書の所蔵レコードを登録するのは、次の書誌レコードである。

```
相続税の常識 / 小池正明著<ソウゾクゼイ ノ ジョウシキ>. -- (BA34792628)
  東京 : 税務経理協会, 1997.10
  234p ; 21cm. -- (知っておきたい ; 4)
  ISBN: 4419027495
  著者標目: 小池, 正明(1950-)<コイケ, マサアキ>
```

問86. 図2の図書の本タイトルは、「知っておきたい相続税の常識」であり、次の書誌レコードと同定することはできない。

```
相続税の常識 / 小池正明著<ソウゾクゼイ ノ ジョウシキ>. -- 第11版. -- (BA90792329)
  東京 : 税務経理協会, 2009.7
  2, 9, 291p ; 22cm. -- (知っておきたい)
  ISBN: 9784419053840
  著者標目: 小池, 正明(1950-)<コイケ, マサアキ>
```

- 図3の図書の説明文で、正しいものは〇、間違っているものは×としなさい。

タイトルページ

RONALD REAGAN

How an Ordinary Man Became an Extraordinary Leader

Dinesh D'Souza

THE FREE PRESS
New York London Toronto Sydney Singapore

ページ数：x, 292 p.
大きさ　：25 cm.

タイトルページ裏

THE FREE PRESS
A Division of Simon & Schuster Inc.
1230 Avenue of the Americas
New York, NY 10020

Copyright © 1997 by Dinesh D'Souza
All rights reserved,
including the right of reproduction
in whole or in part in any form.

THE FREE PRESS and colophon are trademarks
of Simon & Schuster Inc.

Design by Kim Llewellyn

Manufactured in the United States of America

10 9 8 7 6 5 4 3 2 1

Library of Congress Cataloging-in-Publication Data
D'Souza, Dinesh, 1961–
　Ronald Reagan : how an ordinary man became
an extraordinary leader / Dinesh D'Souza.
　　p.　cm.
　　1. Reagan, Ronald.　2. United States—Politics
and government—1981–1989.　I. Title.
E876.D83　1997
973.927'092—dc21　　　　　　　　　97-31396
　　　　　　　　　　　　　　　　　　　　CIP

ISBN 0-684-84428-1

図3

問87. 図3の図書の著者は、「Ronald Reagan」である。

問88. 図3の図書の書誌データから作成される AKEY は、「RONRHA」である。

問89. 図3にある「c1997」は、著作権登録年である。

- 図4の図書の説明文で、正しいものは〇、間違っているものは×としなさい。

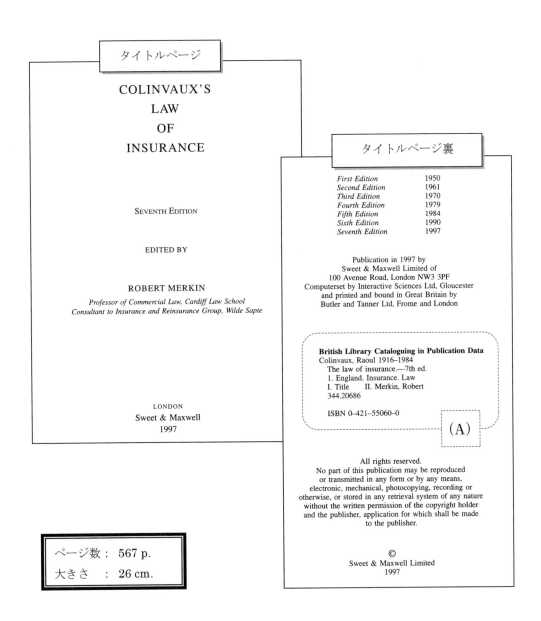

図4

問90. 図4の図書のシリーズ名は、「Professor of Commercial Law, Cardiff Law School」である。

問91. 図4の（A）の部分は、英国図書館の CIP データである。

問92. 図4の図書の所蔵レコードを登録するのは、次の書誌レコードである。

> Colinvaux's law of insurance / edited by Robert Merkin. -- (BA11910317)
> London : Sweet & Maxwell, 1950
> lxxix, 444 p. ; 26 cm
> ISBN: 0421385707
> 別タイトル: Law of insurance
> 著者標目: Colinvaux, Raoul P. ; Merkin, Robert, LL.M.

- 図5の図書の説明文で、正しいものは〇、間違っているものは×としなさい。

標題紙

死生学 [5]
医と法をめぐる生死の境界
高橋 都・一ノ瀬正樹――[編]

東京大学大学院人文社会系研究科

死生学　全5巻
責任編集　島薗進, 竹内整一, 小佐野重利

奥付

死生学　5
医と法をめぐる生死の境界
　　　　2008年11月26日　発行　　[非売品]

編　者　高橋都・一ノ瀬正樹
発行所　東京大学大学院人文社会系研究科
　　　　113-0033 東京都文京区本郷7-3-1
　　　　電話 03-5841-3736
製　作　財団法人　東京大学出版会

ページ数：x, 263p
大きさ　：21cm

図5

問93.　FTITLE「イトホウオメグル*」は、図5の図書の有効な検索キーである。

問94.　TITLE「死生学」とAUTH「高橋*」の論理積による検索は、図5の図書の有効な検索キーである。

問95.　図5の図書の所蔵レコードを登録するのは、次の書誌レコードである。

医と法をめぐる生死の境界 / 高橋都, 一ノ瀬正樹編<イト ホウ オ メグル セイシ ノ キョウカイ>. -- (BA88026793)
　東京 : 東京大学出版会, 2008.11
　x, 263p ; 21cm. -- (死生学 / 島薗進, 竹内整一, 小佐野重利責任編集 ; 5)
　ISBN: 9784130141253
　PRICE: 2800 円+税
　著者標目: 高橋, 都<タカハシ, ミヤコ> ; 一ノ瀬, 正樹(1957-)<イチノセ, マサキ>

- 図6の図書の説明文で正しいものは○、そうでないものは×としなさい。

標題紙

日本生化学会編
基礎生化学実験法
第3巻
タンパク質 II. 機能・動態解析法

東京化学同人

ページ数： vii, 229p, 図版1枚
大きさ　： 26cm

奥付

基礎生化学実験法3
タンパク質 II. 機能・動態解析法

第1版 第1刷 2001年4月16日 発行

編　集　　社団法人 日本生化学会
ⓒ 2001　発行者　　小 澤 美 奈 子
　　　　　発　行　　株式会社 東京化学同人
東京都文京区千石3丁目36-7(℡112-0011)
電話 03-3946-5311・FAX 03-3946-5316
印刷 中央印刷株式会社・製本 株式会社 松岳社
ISBN4-8079-1182-1　　Printed in Japan

図6

問96. TITLE「基礎生化学* タンパク質*」は図6の図書の有効な検索キーである。

問97. 図6の図書の所蔵レコードを登録するのは、次の書誌レコードである。

```
基礎生化学実験法 / 日本生化学会編<キソ セイカガク ジッケンホウ>. --
(BA48759551)
  東京 : 東京化学同人, 2000-
  冊 ; 26cm
  著者標目: 日本生化学会<ニホン セイカガッカイ>
```

問98. 図6の図書の所蔵レコードを登録するのは、次の書誌レコードである。

```
機能・動態解析法 / 日本生化学会編<キノウ ドウタイ カイセキホウ>. --
(BA51414106)
  東京 : 東京化学同人, 2001.4
  vii, 229p, 図版1枚 ; 26cm. -- (基礎生化学実験法 / 日本生化学会編 ; 第3巻 .
  タンパク質 ; 2)
  ISBN: 4807911821
  別タイトル: 機能動態解析法
  著者標目: 日本生化学会<ニホン セイカガッカイ>
```

- 図7の図書の説明文で正しいものは○、そうでないものは×としなさい。

タイトルページ

THE EXPANSION OF
INTERNATIONAL
SOCIETY

Edited by
HEDLEY BULL
and
ADAM WATSON

CLARENDON PRESS · OXFORD

タイトルページ裏

Oxford University Press, Walton Street, Oxford OX2 6DP
Oxford New York Toronto
Delhi Bombay Calcutta Madras Karachi
Petaling Jaya Singapore Hong Kong Tokyo
Nairobi Dar es Salaam Cape Town
Melbourne Auckland
and associated companies in
Beirut Berlin Ibadan Nicosia

Oxford is a trade mark of Oxford University Press

Published in the United States
by Oxford University Press, New York

© Hedley Bull and Adam Watson 1984

First published 1984
First issued as a paperback 1985
Reprinted 1988

All rights reserved. No part of this publication may be reproduced,
stored in a retrieval system, or transmitted, in any form or by any
means, electronic, mechanical, photocopying, recording, or otherwise,
without the prior permission of Oxford University Press

This book is sold subject to the condition that it shall not, by way of
trade or otherwise, be lent, re-sold, hired out or otherwise circulated
without the publisher's prior consent in any form of binding or cover
other than that in which it is published and without a similar condition
including this condition being imposed on the subsequent purchaser

British Library Cataloguing in Publication Data
The expansion of international society.
1. International relations—History
I. Bull, Hedley   II. Watson, Adam. 1914-
303.4'82   JX1395
ISBN 0-19-821997-0 (Pbk)

Printed in Great Britain
at the University Printing House, Oxford
by David Stanford
Printer to the University

ページ数： xi, 479 p.
大きさ ： 24 cm.

図7

問99. 図7の図書の出版年は、「1988」年である。

問100. 図7の図書の所蔵レコードを登録するのは、次の書誌レコードである。

> The Expansion of international society / edited by Hedley Bull and Adam Watson.
> -- (BA00181612)
>   Oxford [Oxfordshire] : Clarendon Press
>   New York : Oxford University Press, 1984
>   xi, 479 p. ; 25 cm
>   ISBN: 0198219423
>   著者標目: Bull, Hedley ; Watts, Alan, 1915-1973

(終)

IAAL 大学図書館業務実務能力認定試験

「総合目録－図書初級」 第3回（2010年5月16日）

試験問題

- 「総合目録－図書初級」では、NACSIS-CAT を正確かつ効率的に検索し、所蔵登録ができる能力があることを評価します。
- 設問で問う書誌レコードは、NACSIS-CAT の入力基準に合致した、正しい記述がなされている書誌を想定しています。書誌レコードは正しい記述がなされているという前提で解答してください。

注意事項

1. **指示があるまで開いてはいけません。**
2. 問題は 100 題で、解答時間は 50 分です。
3. 設問の番号と解答用紙の番号は対になっています。設問に対応する解答にマークされているか、十分注意してください。
4. この試験問題は、後で回収します。切り取ったり、転記したり、持ち帰ったりしてはいけません。
5. 解答用紙は機械処理しますので、折ったり曲げたりしないでください。

「*」がついている問いは、終了もしくは変更が生じたサービスが含まれているため、2018年4月時点では問題文として成立しないものです。

NPO 法人大学図書館支援機構

以下の100題は、NACSIS-CATについての説明文です。正しい場合はマークシート欄の〇を、間違っている場合はマークシート欄の×をぬりつぶしてください。

I. 総合目録の概要

問1. 総合目録データベースは、参加館が分担してデータ入力を行うオンライン共同分担入力方式により形成されている。

問2. NACSIS-CAT では総合目録データベースが、NACSIS-ILL（図書館間相互貸借システム）では ILL サービス専用の目録データベースが、それぞれ構築されている。

＊問3. 総合目録データベースの書誌レコード及び所蔵レコードの更新内容は、NACSIS Webcat 及び Webcat Plus にも即時に反映されている。

問4. 参加館は、総合目録データベースのデータをダウンロードし、自館の OPAC 構築や、受入業務、閲覧業務などの目録業務以外にも利用することができる。

問5. 書誌ファイルには図書書誌ファイルと雑誌書誌ファイルがあり、両ファイルともその中に和資料ファイルと洋資料ファイルを持っている。

問6. 所蔵ファイルには図書所蔵ファイルと雑誌所蔵ファイルがあり、ファイル名はそれぞれ「BOHOLD」と「ZAHOLD」である。

問7. 典拠ファイルには著者名典拠ファイルと統一書名典拠ファイルがあり、統一書名典拠ファイルは図書書誌レコードのみに対応したものである。

問8. 参照ファイルとは、MARC を総合目録データベースのファイル形式に合わせて変換したものであり、総合目録データベースの外周に置かれている。

問9. 参照ファイルには図書書誌、雑誌書誌、統一書名典拠などの種類があるが、著者名典拠の参照ファイルは存在していない。

問10. 図書か雑誌かの判断がつきにくい資料などは、同一の資料であっても、図書書誌ファイルと雑誌書誌ファイルのそれぞれにレコードが存在していることがある。

問11. 図書書誌ファイル内に著者名典拠ファイルと統一書名典拠ファイルがあり、総合目録データベースのファイルは入れ子構造になっている。

問12. 書誌レコードと典拠レコードは参加館が共有しているレコードであり、所蔵レコードと参加組織レコードは参加館固有のレコードである。

問13. 参加館共有のレコードを修正する場合は、コーディングマニュアルで規定されている修正指針に沿って修正を行うようになっている。

問14. リンクしている子書誌レコードと所蔵レコードが存在していないことが確認できれば、当該書誌の作成館に限って、そのレコードを総合目録データベースから削除することができる。

問15. 図書書誌レコードに関するリンク関係は、書誌レコードと所蔵レコード、親書誌レコードと子書誌レコードの2種類だけである。

問16. 所蔵レコードを登録する際は、1書誌レコードに対して、参加館の配置コード単位に1所蔵レコードを作成する。

問17. 図書書誌ファイルには親書誌ファイルと子書誌ファイルがそれぞれあり、それらの間でリンクを形成することにより階層構造を表現している。

問18. ALフィールドでは、基本記入の標目であることを示す主記入フラグ「*」を記録することができる。

問19. 統一書名典拠ファイルは、無著者名古典、聖典、音楽作品などのタイトルを統制し、一元的に管理するためのものである。

問20. 総合目録データベースに求めるレコードがない場合に限り、参照ファイル内のレコードに所蔵を付けることができる。

＊問21. 目録システム間リンク（OCLC 等）の利用には、「総合目録データベースあるいは参照ファイルに一致・類似レコードが存在しない場合にのみ検索する」、「NACSIS・CAT への登録作業を行う場合にのみ検索利用する」といった一定の制限が設けられている。

問22. データベースの構造やレコード作成単位、文字入力や分かち書きの原則などを確認したいときは、『目録情報の基準』を参照するのが適切である。

問23. データの記入方法に関する全般的なこと、データ記入の具体的な方法などを調べたいときは、『目録システムコーディングマニュアル』を参照するのが適切である。

問24. 書誌レコードのデータは、和資料及び洋資料とも『日本目録規則』に準拠して記入されている。

問25. 各フィールドのデータ要素は、原則として ISBD（国際標準書誌記述）に従って記入することになっており、その具体的内容は主にコーディングマニュアルに記されている。

問26. 「転記の原則」により、英文タイトルは規定の情報源に表記されているとおりの大文字、小文字で入力されている。

問27. 書誌レコードの記入内容は、目録規則及びコーディングマニュアルで規定されている情報源からとることになっており、この情報源はフィールドによって異なっている。

問28. NACSIS-CAT の検索は、登録されたレコードから一定の規則に沿って作成される検索用インデクスと、検索画面から入力された検索キーを同一の規則で変換したものとの照合により行われる。

問29. 登録されたレコードのデータ及び入力された検索キーともに漢字統合インデクスによる正規化が行われるため、漢字表記の違いによる検索漏れを防ぎ、字体の違いを意識することなく検索することができる。

問30. 検索用インデクスから除外される語で、具体的には欧米諸言語の前置詞、冠詞、接続詞などのことをデリミタという。

II. 各レコードの特徴

問31. 図書書誌レコードは、単行書誌単位及び最上位の集合書誌単位毎に作成する。中位の書誌単位の記録は、単行書誌単位のレコードにおいて行う。

問32. 巻号の表示がある場合は、各冊が固有のタイトルを持つ場合でも1つの書誌レコードにまとめられている。

問33. 複数の出版物理単位からなる図書の場合、各巻のタイトルが目次にしか表示されていない場合は、そのタイトルは固有のタイトルとしては採用できず、本タイトルとしては記入されていない。

問34. 同一の固有のタイトルを有する「上巻」「下巻」の出版物理単位の集合は、ひとつの書誌単位である。

問35. 1冊の本に複数の著作が収められている場合は、その著作単位毎に書誌レコードが作成されている。

問36. ある集合書誌単位を構成する個々の出版物理単位は、必ずしも同一の書誌階層に並ぶとは限らない。

問37. 全3巻の出版物理単位で刊行された図書の規定の情報源に「上」「中」「下」とあった場合、これらの「上」「中」「下」を「巻次等」という。

問38. 「詩歌」「戯曲」「小説」「評論」「日記」など、形式区分を表す名称は部編名ではない。

問39. 著者名典拠レコードにリンクすることで、資料によってアルファベットやカナなど、異なる文字で表示されている同一の著者について、統一した標目形を採用することができる。

問40. 著者名典拠レコードによって、統一された著者標目の形以外に、異なる他の形の著者名からの検索が可能となる。

問41. 目録規則によって著者名典拠の標目の形が異なる場合は、それぞれの形を標目とした著者名典拠レコードが作成されている。

問42. 著者名が団体の内部組織の場合、その著者名典拠レコードの標目は最上位の団体名とする。

問43. 統一書名典拠ファイルには、標目以外に、検索が予想される他の形や、関連する他の統一タイトル標目に関する情報を記録することができる。

問44. 無著者名古典、聖典（及びその部篇）の同一著作に対しては、原則として、日本目録規則とAACR2の両方の目録規則に従った標目を持つ統一書名典拠レコードがそれぞれ作成されている。

問45. 同一配置コード内で複本を登録する場合は、所蔵レコードを複数作成する。

III. 検索の仕組み

問46. TITLEKEY は、TR フィールドのタイトル関連情報からは作成されない。

問47. AUTHKEY は、著者標目形のヨミからも作成される。

問48. PUB フィールドの出版者「金原書店」から、検索用インデクスとして切り出されるのは、「金原書店」「金原」「書店」である。

問49. その他のタイトル（VTD）及びその他のタイトルのヨミ（VTR）からも TITLEKEY が切り出される。

問50. TR フィールドの本タイトルに「環境教育」を持つ資料を検索する場合に、「TITLE=カンキョウ　キョウイク」は正しい検索キーである。

問51. TR フィールドの本タイトルに「ビデオα」を持つ資料を検索する場合に、「TITLE=ビデオ　アルファ」は正しい検索キーである。

問52. TR フィールドの本タイトルに「100万」を持つ資料を検索する場合に、「TITLE=100マン」は正しい検索キーである。

問53. すべてのコードフィールドで、前方一致検索ができる。

問54. 複数の検索フィールドに検索キーを入力すると、それぞれの検索キーの論理積による検索が行われる。

問55. 検索キーとして検索画面に入力する漢字は、新字体でも旧字体でもよい。

問56. ISBN で検索してヒットしなければ、その書誌は存在しないと考えられる。

問57. 寺崎昌男著『大学教育の可能性：教養教育・評価・実践』（東信堂　2002）を検索する場合に、「TITLE=大学教育の*」は、正しい検索キーである。

問58. Philip Roth『Goodbye, Columbus, and five short stories』（Rinsen Book　1987）を検索する場合に、「AKEY=goocaf」は、正しい検索キーである。

- 次の図書書誌レコードを総合目録データベース（BOOK）で検索する場合の検索キーとして、正しい場合は○、間違っている場合は×としなさい。

> 永井荷風・ジャンルの彩り / 真銅正宏著<ナガイ　カフウ・ジャンル　ノ　イロドリ>.
> -- (BB0070643X)
> 　京都 : 世界思想社, 2010.1
> 　332p ; 20cm
> 　ISBN: 9784790714514
> 　著者標目: 真銅, 正宏(1962-)<シンドウ, マサヒロ>

問59. TITLE=永井荷風ジャンル*

問60. AUTH=永井　荷風

問61. FTITLE=ナガイカフウジャンルノイロドリ

問62. ISBN=9784790*

- 次の図書書誌レコードを総合目録データベース（BOOK）で検索する場合の検索キーとして、正しい場合は○、間違っている場合は×としなさい。

```
22歳からの国語力 / 川辺秀美著<22 サイ カラノ　コクゴリョク>. -- (BB00794856)
    東京 : 講談社, 2010.1
    205p ; 18cm. -- (講談社現代新書 ; 2035)
    ISBN: 9784062880350
    著者標目: 川辺, 秀美<カワベ, ヒデミ>
```

問63.　TITLE=22歳　からの

問64.　TITLE=ニジュウニサイ

問65.　TITLE=国語力　現代　新書

問66.　AUTH=川辺秀美著

- 次の図書書誌レコードを総合目録データベース（BOOK）で検索する場合の検索キーとして、正しい場合は〇、間違っている場合は×としなさい。

> Pièges et difficultés de la langue française / par Jean Girodet. -- (BA01510822)
> 　Paris : Bordas, c1986
> 　896 p. ; 22 cm. -- (Dictionnaire Bordas)
> 　ISBN: 2040165614
> 　著者標目: Girodet, Jean

問67.　TITLE=langue francaise

問68.　FTITLE=PIEGESETDI*

問69.　AUTH=Jean Girodet

問70.　PUB=Paris Bordas

IV. 書誌同定

- 書誌同定に関する次の文章のうち、正しい場合は〇、間違っている場合は×としなさい。

問71. 版表示中の数字部分の相違は、別書誌作成の根拠となり得る。

問72. 手元の資料と検索結果の書誌データとを照合したところ、他の情報は一致していたが、手元の資料はペーパーバックであるのに対し、VOLフィールドの説明語句が「hardcover」と記入されていた。この場合は、この書誌と同定してよい。

問73. 手元の資料と検索結果の書誌データとを照合したところ、他の情報は一致していたが、並列タイトルだけが異なっていた。この場合は、この書誌と同定してよい。

問74. 手元の資料と検索結果の書誌データとを照合したところ、他の情報は一致していたが、責任表示の順序だけが異なっていた。この場合は、この書誌と同定してよい。

問75. 手元の資料と検索結果の書誌データとを照合したところ、他の情報は一致していたが、書誌的内容を表す版表示だけが異なっていた。この場合は、この書誌と同定してよい。

問76. 手元の資料と検索結果の書誌データとを照合したところ、他の情報は一致していたが、言語を示す版表示だけが異なっていた。この場合は、この書誌と同定してよい。

問77. 手元の資料と検索結果の書誌データとを照合したところ、他の情報は一致していたが、手元の資料には「初版」と表示があるのに対して、書誌データにはその記述が無かった。この場合は、この書誌と同定してよい。

問78. 手元の資料と検索結果の書誌データとを照合したところ、他の情報は一致していたが、手元の資料には「第一刷」と表示があるのに対して、書誌データにはその記述が無かった。この場合は、この書誌と同定してよい。

問79. 手元の資料と検索結果の書誌データとを照合したところ、他の情報は一致していたが、出版地だけが異なっていた。これらが同一国内であった場合は、この書誌と同定してよい。

問80. 手元の資料と検索結果の書誌データとを照合したところ、他の情報は一致していたが、手元の資料にはCDが付属しているのに対して、書誌データにはカセットテープが付属していると記述されていた。この場合は、この書誌と同定してよい。

V. 総合

- 図1の図書の説明文で、正しい場合は○、間違っている場合は×としなさい。

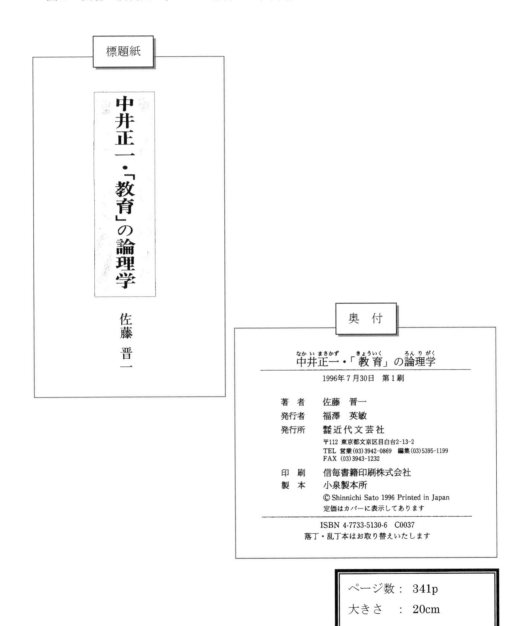

図1

問81. 図1の図書の著者は、「中井正一」である。

問82. 図1の図書の書誌レコードに VT（その他のタイトル）が記入されていない場合、「TITLE=教育の論理学」は図1の図書の正しい検索キーである。

- 図2の図書の説明文で、正しい場合は○、間違っている場合は×としなさい。

図2

問83. 「TITLE=科学技術　情報社会」は図2の図書の正しい検索キーである。

問84. 図2の図書の所蔵レコードを登録するのは、次の書誌レコードである。

```
科学技術と情報社会 / 小松原実著<カガク ギジュツ ト ジョウホウ シャカイ>.
-- (BA44803549)
    東京 : 学術図書出版社, 1999.4
    v, 199p ; 21cm
    ISBN: 4873613833
    著者標目: 小松原, 実<コマツバラ, ミノル>
```

- 図3の図書の説明文で、正しい場合は○、間違っている場合は×としなさい。

タイトルページ

Religious America, Secular Europe?
A Theme and Variations

PETER BERGER
Boston University, USA

GRACE DAVIE
University of Exeter, UK

EFFIE FOKAS
The London School of Economics and Political Science, UK

タイトルページ裏

© Peter Berger, Grace Davie and Effie Fokas 2008

All rights reserved. No part of this publication may be reproduced, stored in a retrieval system or transmitted in any form or by any means, electronic, mechanical, photocopying, recording or otherwise without the prior permission of the publisher.

Library of Congress Cataloging-in-Publication Data
Berger, Peter L., 1929-
Religious America, Secular Europe? A Theme and Variations
Peter Berger, Grace Davie, and Effie Fokas.
　p. cm
　　ISBN 978-0-7546-5833-7 (hardcover:alk. paper) -
　　ISBN 978-0-7546-6011-8 (pbk.:alk. paper)
　1. Secularism - Europe. 2. Secularism - United States. 3. Europe - Religion. 4. United States - Religion. I. Davie, Grace II. Fokas, Effie. III. Title

　　　BL2747.8.B47 2008
　　　　306.6094-dc22
978-0-7546-5833-7 (Hbk)
978-0-7546-6011-8 (Pbk)

(A)

Reprinted 2009

Printed and bound in Great Britain by
MPG Books Lrd, Bodmin, Cornwall

ページ数：	168 p.
大きさ ：	22 cm.

図3

問85. 図3のタイトルページ裏にある（A）の部分はCIPデータといい、ここに表示されている情報は、書誌に記入されているデータと同一のものである。

問86. 「AUTH=Effie Fokas」は図3の図書の正しい検索キーである。

問87. 図3の資料のように、著作権登録年と刷年しか書かれていない場合、出版年としては著作権登録年が記入されている。

- 図4の図書の説明文で、正しい場合は○、間違っている場合は×としなさい。

タイトルページ

Palgrave Literary Dictionaries
The Palgrave Literary Dictionary of Chaucer

Malcolm Andrew

タイトルページ裏

© Malcolm Andrew 2006

First published in hardback 2006
First published in paperback 2009 by
PALGRAVE MACMILLAN

ISBN-13: 978-0-333-99808-3 hardback
ISBN-13: 978-0-230-23148-1 paperback

A catalogue record for this book is available from British Library.
Library of Congress Cataloging-in-Publication Data
Andrew, Malcolm.
The Palgrave literary dictionary of Chaucer / Malcolm Andrew.
  p. cm－(Palgrave literary dictionaries)
  Includes bibliographical references and index.
  ISBN 978-0-333-99808-3 (cloth) 978-0-230-23148-1 (pbk)
  1. Chaucer, Geoffrey, d. 1400 - Encyclopedias. 2. Poets, English -
- Middle English, 1100-1500 - Biography - Encyclopedias.
  I.Title. II. Series.
PR1903. A53 2003   2005045603
821' .1-dc22

(B)

装丁	: ペーパーバック
ページ数	: xvi, 313 p.
大きさ	: 24 cm.

図4

問88. 図4の図書はペーパーバックだが、ハードカバーのISBNである「978-0-333-99808-3」で検索しても同じ検索結果が得られる。

問89. 図4のタイトルページ裏（B）にある「2005045603」はLC番号であり、LCCNフィールドに記入されるものである。

問90. 「AKEY=thepld」は、図4の図書の正しい検索キーである。

問91. 図4の図書の所蔵レコードを登録するのは、次の書誌レコードである。

```
The Palgrave literary dictionary of Chaucer / Malcolm Andrew.
 -- (BA76219756)
   Basingstoke ; New York, N.Y. : Palgrave Macmillan, 2006
   xvi, 313 p. ; 24 cm. -- (Palgrave literary dictionaries) -- : hardback
   ISBN: 9780333998083(: hardback)
  著者標目: Andrew, Malcolm
```

- 図5の図書の説明文で、正しい場合は○、間違っている場合は×としなさい。

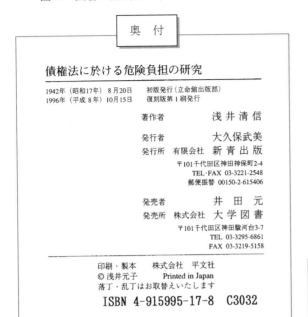

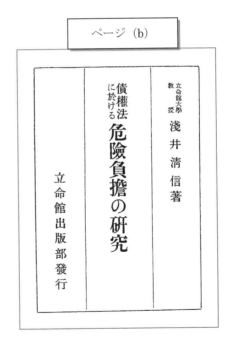

図5

問92. 図5の図書の奥付が左図「奥付」である場合、図5の図書の標題紙は「ページ (b)」である。

問93. 「PUB=立命館出版部」は、図5の図書の正しい検索キーである。

問94. 図5の図書の出版年は「1942」年である。

- 図6の図書の説明文で、正しい場合は○、間違っている場合は×としなさい。

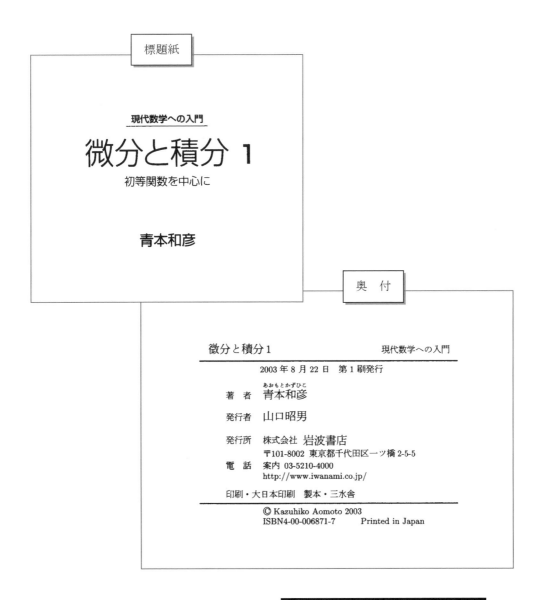

図6

問95. 「TITLE=初等関数* 現代数学*」は、図6の図書の正しい検索キーである。

問96. 図6の図書の所蔵レコードを登録するのは、次の書誌レコードである。

```
現代数学への入門<ゲンダイ スウガク エノ ニュウモン>. -- (BA63391493)
  東京 : 岩波書店, 2003-2004
  16冊 ; 22cm
```

問97. 図6の図書の所蔵レコードを登録するのは、次の書誌レコードである。

```
初等関数を中心に / 青本和彦著<ショトウ カンスウ オ チュウシン ニ>. -- (BA63391573)
  東京 : 岩波書店, 2003.8
  xiv, 199p ; 22cm. -- (現代数学への入門 ; . 微分と積分 ; 1)
  ISBN: 4000068717
  著者標目: 青本, 和彦(1939-)<アオモト, カズヒコ>
```

- 図7の図書の説明文で、正しい場合は○、間違っている場合は×としなさい。

タイトルページ

Teachers and Unions

The Applicability of Collective Bargaining to Public Education

BY

MICHAEL H. MOSKOW

Assistant Professor of Management
Drexel Institute of Technology

Published by
INDUSTRIAL RESEARCH UNIT, DEPARTMENT OF INDUSTRY
Wharton School of Finance and Commerce
University of Pennsylvania

Produced and Distributed by
University of Pennsylvania Press
Philadelphia, Pennsylvania 19104

タイトルページ裏

Copyright 1966
by
Trustees of the University of Pennsylvania
Second Printing 1968

Library of Congress Catalog Card Number 66-26141

ページ数：	xiii, 288 p.
大きさ ：	23 cm.

図7

問98. 図7の図書のタイトルページ裏にある「Second Printing」とは、「第2版」という意味である。

問99. 図7の図書の所蔵レコードを登録するのは、次の書誌レコードである。

```
Teachers and unions : the applicability of collective bargaining to public
education / by Michael H. Moskow. -- (BA31772045)
    Philadelphia, Pa. : University of Pennsylvania, Wharton School of
    Finance and Commerce, Industrial Research Unit, 1966
    xiii, 288 p. ; 23 cm. -- (Industrial Research Unit study ; no. 42)
    著者標目: Moskow, Michael H.
```

問100. 図7の図書の所蔵レコードを登録するのは、次の書誌レコードである。

```
Teachers and unions : the applicability of collective bargaining to public
education / by Michael H. Moskow. -- (BA64968938)
    Philadelphia, Pa. : Industrial Research Unit, Department of Industry,
    Wharton School of Finance and Commerce, University of
    Pennsylvania, c1966
    xiii, 288 p. ; 23 cm
    著者標目: Moskow, Michael H.
```

(終)

IAAL 大学図書館業務実務能力認定試験

「総合目録－図書初級」 第4回（2011年6月5日）

試 験 問 題

- 「総合目録－図書初級」では、NACSIS-CAT を正確かつ効率的に検索し、所蔵登録ができる能力があることを評価します。
- 設問で問う書誌レコードは、NACSIS-CAT の入力基準に合致した、正しい記述がなされている書誌を想定しています。書誌レコードは正しい記述がなされているという前提で解答してください。
- 設問中にある書誌レコードは、「目録システムコーディングマニュアル」に準拠しています。

注意事項

1. **指示があるまで開いてはいけません。**
2. 問題は100題で、解答時間は50分です。
3. 設問の番号と解答用紙の番号は対になっています。設問に対応する解答にマークされているか、十分注意してください。
4. この試験問題は、後で回収します。切り取ったり、転記したり、持ち帰ったりしてはいけません。
5. 解答用紙は機械処理しますので、折ったり曲げたりしないでください。

「＊」がついている問いは、終了もしくは変更が生じたサービスが含まれているため、2018年4月時点では問題文として成立しないものです。

NPO法人大学図書館支援機構

以下の 100 題は、NACSIS-CAT についての説明文です。正しい場合はマークシート欄の〇を、間違っている場合はマークシート欄の×をぬりつぶしてください。

I. 総合目録の概要

問1. 総合目録データベースのように、参加館が分担して目録を作成する方法を共同分担入力方式という。

問2. 総合目録データベースは NACSIS-ILL（図書館間相互貸借システム）でも利用されているが、NACSIS-ILL では総合目録データベースの更新内容が即時に反映されていない。

＊問3. NACSIS-CAT のサービス時間外は、NACSIS Webcat 及び Webcat Plus も利用することができない。

問4. 各参加館は総合目録データベースの書誌データをダウンロードすることができ、自館の OPAC 構築や、受入業務、閲覧業務等にも活用することができる。

問5. 総合目録データベース内には和資料ファイルと洋資料ファイルがあり、その中にそれぞれ図書書誌ファイルと雑誌書誌ファイルがある。

問6. 所蔵ファイルには、図書所蔵ファイルと雑誌所蔵ファイルと典拠所蔵ファイルの3種類がある。

問7. 標目の形を管理するための典拠ファイルには、著者名典拠ファイルと統一書名典拠ファイルがある。

問8. 参照ファイル内のレコードは、他の目録作成機関等によって作成された MARC を総合目録データベースのレコード形式にあわせて変換したものである。

問9. 参照ファイルのうち、図書書誌ファイル及び雑誌書誌ファイルは総合目録データベースの内部に置かれている。

問10. 図書か雑誌かの判断がつきにくい資料は、同一の資料であっても、図書書誌ファイルと雑誌書誌ファイルの両方に登録されていることがある。

問11. 総合目録データベースは複数のファイルの集まりであり、書誌レコードなどのレコードはこれらのファイルに収録されている。

問12. レコードには、参加館が共有しているレコードと参加館固有のレコードがあり、前者に該当するのは書誌レコードと典拠レコードである。

問13. 書誌レコードを修正する場合は、いかなる場合でも作成館と連絡をとり、修正の可否を検討してもらわなければならない。

問14. 書誌レコードの削除が必要な場合は、書誌自体は修正せず、その書誌レコードIDを国立情報学研究所へ連絡することになっている。

問15. 図書書誌レコードに関するリンク関係は、書誌レコードと所蔵レコード、親書誌レコードと子書誌レコード、書誌レコードと著者名典拠レコード、書誌レコードと統一書名典拠レコードの4種類である。

問16. 所蔵レコードは、1書誌レコードに対して参加組織ごとに1レコードを作成するのが原則であり、複数の配置コードがある場合は、所蔵レコードの配置コードの繰り返しで表現する。

問17. 書誌レコード間のリンクとして書誌構造リンクがあり、これは親書誌ファイルにあるレコードと子書誌ファイルにあるレコード間のリンクのことである。

問18. 著者名典拠レコードから書誌レコードをリンク参照する場合、書誌レコードのALフィールドでリンクが形成されていなくても、その著者標目形が正しく記述されていればリンク参照が可能である。

問19. 統一書名典拠ファイルは、無著者名古典、聖典、音楽作品等のタイトルを統制するためのものであり、書誌レコードにおいてはUTLフィールドが使用される。

問20. 参照ファイル内のレコードも、総合目録データベースのレコードと同様の手順で修正あるいは削除することができる。

問21. 現在の参照ファイルはすべて、情報検索プロトコルZ39.50を用いて、直接、該当する書誌ユーティリティへの検索利用を可能とする「目録システム間リンク」という方式を採用している。

問22. 『目録情報の基準』は、総合目録データベースの構造や各レコードの作成単位に関する解説のほか、文字入力の原則や、分かち書きの原則と実例等を示したものである。

問23. 『日本目録規則』や『英米目録規則』で定められている規則は、すべて『目録システムコーディングマニュアル』に記載されている。

問24. 『日本目録規則』『英米目録規則』のいずれを適用するかについては、その資料が最初に出版された国・地域によって決められる。

問25. 各レコードのデータ要素を区切る記号は、原則としてISBD（国際標準書誌記述）の区切り記号法に準拠している。

問26. 書誌レコードは、字形のわずかな違いや特殊文字、記号等が、省略されたり置き換えられて記述されている場合もある。

問27. 各目録規則及び『目録システムコーディングマニュアル』では各フィールドの情報源として資料の部位を規定しているため、書誌に記述されている内容はすべて当該資料のいずれかに記載されている情報である。

問28. 登録されたレコードのデータからは、一定の規則（正規化）にそった検索用インデクスが作成されるが、検索時にキーボード等から入力された検索キーは正規化されないため、検索時には注意が必要である。

問29. 旧字体と新字体や、「斉」「斎」「齋」といった表記が違う漢字であっても、漢字統合インデクスによる正規化が行われるため、字体の違いを意識することなく検索することが可能となっている。

問30. ストップワードとは検索用インデクスから除外される語のことで、日本語の接続詞がこれに該当する。

II. 各レコードの特徴

問31. 一般に、刷が異なる図書は別書誌である。

問32. 書誌構造が3階層までの場合は、それぞれの書誌単位ごとに書誌が作成されている。

問33. 最上位と最下位の中間に位置する書誌単位を、中位の書誌単位と呼ぶ。

問34. 「出版物理単位」とは、「上巻」「下巻」のように分冊になっておらず、物理的に1冊である資料のことである。

問35. 「集合書誌単位」とは、全集などセットもののことであり、終期を予定しないシリーズは該当しない。

問36. ある全集のすべての巻が同じ書誌構造を持つとは限らない。

問37. 「社会科学編」のような部編名は、原則として固有のタイトルとなる。

問38. 「別巻」は巻冊次であり、固有のタイトルではない。

問39. 典拠レコードは通常、1つ以上の書誌レコードとリンクが形成されている。

問40. 著者名典拠の機能の一つは、検索が予想される他の表記形をレコード内に記述することで、同一著者に対する多面的な検索を可能にすることである。

問41. 書誌レコードのALフィールドでリンクされている著者名典拠レコードは、別人でも同姓同名ならば同一のレコードである。

問42. 著者名典拠レコードにおいて、団体の内部組織が標目となることはない。

問43. 統一書名典拠レコードは、翻訳ものを原書名から検索できるようにするためのものである。

問44. 1つの作品に対する統一書名典拠は、日本語タイトルと欧文タイトルのそれぞれについて作成されている。

問45. 1書誌レコードに対する所蔵レコードは、上巻と下巻とは必ず別のレコードとなる。

III. 検索の仕組み

問46. TITLEKEYは、TRフィールドとVTフィールドからのみ作成される。

問47. ストップワードは、AUTHKEYにならない。

問48. PUBフィールドの出版者は、ヨミからも検索できる。

問49. TRフィールドの本タイトルに「The American law」と記述されている書誌レコードを検索する場合、「FTITLE=Americanlaw」は正しい検索キーである。

問50. TR フィールドの本タイトルに「群馬県立」と記述されている書誌レコードを検索する場合、「TITLE＝グンマ　ケンリツ」は正しい検索キーである。

問51. TR フィールドの本タイトルに「0 歳児」と記述されている書誌レコードを検索する場合、「TITLE＝レイサイジ」は正しい検索キーである。

問52. TR フィールドの本タイトルに「Google」と記述されている書誌レコードを検索する場合、「TITLE＝グーグル」は正しい検索キーである。

問53. TR フィールドの本タイトルに「定本私の二十世紀書店」と記述されている書誌レコードを検索する場合、「TITLE=20 セイキ」は正しい検索キーである。

問54. TR フィールドの本タイトルに「Principles of language use」と記述されている書誌レコードを検索する場合、「AKEY=priolu」は正しい検索キーである。

問55. 前方一致検索は、必ず 2 文字以上の検索キーの末尾に「*（アスタリスク）」を指定して行う。

問56. 複数の検索キーを組み合わせた AND 検索を行うと、ヒット件数を絞り込むことができる。

問57. 検索キーとして検索画面に入力された仮名は、カタカナとひらがなを区別して検索される。

問58. 13 桁の ISBN「978-4-8204-0621-1」を 10 桁で検索するには、冒頭の「978」を除き、「4820406211」と入力して検索すればよい。

- 次の図書書誌レコードを総合目録データベース（BOOK）で検索する場合の検索キーとして、正しい場合は〇、間違っている場合は×としなさい。

```
GMD: SMD: YEAR:2010 CNTRY:ja TTLL:jpn TXTL:jpn ORGL:
ISSN: NBN: LCCN: NDLCN:
REPRO: GPON: OTHN:
VOL: ISBN:9784087814361 PRICE:1300 円+税 XISBN:

TR:世界を、こんなふうに見てごらん / 日高敏隆著||
    セカイ オ コンナ フウ ニ ミテ ゴラン
PUB:東京 : 集英社 , 2010.1
PHYS:163p ; 20cm
AL:日高, 敏隆(1930-2009)||ヒダカ, トシタカ <DA00137253>
```

問59.　TITLE=セカイ　ヲ

問60.　TITLE=世界を

問61.　FTITLE=世界を、こんなふうに見てごらん

問62.　AUTH=日高　敏隆

- 次の図書書誌レコードを総合目録データベース（BOOK）で検索する場合の検索キーとして、正しい場合は〇、間違っている場合は×としなさい。

```
GMD: SMD: YEAR:2005 CNTRY:ja TTLL:jpn TXTL:jpn ORGL:eng
ISSN: NBN: LCCN: NDLCN:
REPRO: GPON: OTHN:
VOL: ISBN:4047915076 PRICE:4500 円  XISBN:


TR:ダ・ヴィンチ・コード / ダン・ブラウン著 ; 越前敏弥訳||
   ダ・ヴィンチ・コード
PUB:東京 : 角川書店 , 2005.8
PHYS:621p ; 22cm
VT:OR:The Da Vinci code
NOTE:ビジュアル愛蔵版
AL:Brown, Dan, 1964- <>
AL:越前, 敏弥(1961-)||エチゼン, トシヤ <DA12402577>
```

問63.　TITLE=ダヴィンチ

問64.　TITLE=Da　Vinci　code

問65.　FTITLE=ダヴィンチコード

問66.　AUTH=ダン・ブラウン

- 次の図書書誌レコードを総合目録データベース（BOOK）で検索する場合の検索キーとして、正しい場合は○、間違っている場合は×としなさい。

> **GMD: SMD: YEAR:**1994 **CNTRY:**uk **TTLL:**eng **TXTL:**eng **ORGL:**
> **ISSN: NBN: LCCN: NDLCN:**
> **REPRO: GPON: OTHN:**
> **VOL: ISBN:**0099329417 **PRICE:**£5.99 **XISBN:**
>
> **TR:**Maverick! : the success story behind the world's most unusual workplace / Ricardo Semler
> **PUB:**London : Arrow , 1994
> **PHYS:**321 p. : ill. ; 18 cm
> **NOTE:**First published in Great Britain: Century, 1993
> **AL:***Semler, Ricardo, 1959- <DA07790998>

問67.　TITLE=Maverick

問68.　FTITLE=Maverickthesuccess*

問69.　PUB=century

問70.　AUTH=RICARDO SEMLER

IV. 書誌同定

- 書誌同定に関する次の文章のうち、正しい場合は○、間違っている場合は×としなさい。（但し、同定した後にその書誌を修正する必要があるかどうかは問わない。）

問71. 手元の和図書と検索結果の書誌データを照合したところ、他の情報は一致していたが、書誌データには標題紙のタイトルではなく、奥付にあるタイトルが本タイトルとして記述されていた。この場合は、この書誌と同定してよい。

問72. 手元の資料と検索結果の書誌データを照合したところ、他の情報は一致していたが、書誌データの本タイトルの語句は［ ］で修正されていた。この場合は、この書誌と同定してよい。

問73. 手元の資料と検索結果の書誌データを照合したところ、他の情報は一致していたが、手元の資料に表示されている並列タイトルが書誌データには記述されていなかった。この場合は、この書誌と同定してよい。

問74. 手元の洋図書の出版地は、タイトルページでは「London New York Singapore」とあり、タイトルページ裏には「Published in New York by ...」とあった。他の情報は一致していたが、書誌データの出版地として「London」のみが記述されている場合、この書誌と同定してよい。

問75. 手元の資料と検索結果の書誌データを照合したところ、他の情報は一致していたが、書誌データのPUBフィールドには異なる出版者が記入されていた。この場合は、この書誌と同定してよい。

問76. 手元の資料と検索結果の書誌データを照合したところ、他の情報は一致していたが、前付けのページ数が異なっていた。この場合は、この書誌と同定してよい。

問77. 手元の「第3巻」の資料と検索結果の書誌データを照合したところ、他の情報では同定できたが、書誌データのVOLフィールドには「第1巻」「第2巻」だけが記述されていた。この場合は、この書誌と同定してよい。

問78. 手元の資料と検索結果の書誌データを照合したところ、他の情報は一致していたが、手元の資料には挿図として地図が5図あるのに対して、書誌データにはその記述が無かった。この場合は、この書誌と同定してよい。

問79. 手元の資料と検索結果の書誌データを照合したところ、他の情報は一致していたが、書誌データに記述されているシリーズ名が手元の資料には表示されていなかった。この場合は、この書誌と同定してよい。

問80. 手元の資料と検索結果の書誌データを照合したところ、他の情報は一致していたが、シリーズ番号だけが異なっていた。この場合は、この書誌と同定してよい。

V. 総合

- 図1の図書の説明文で、正しい場合は○、間違っている場合は×としなさい。

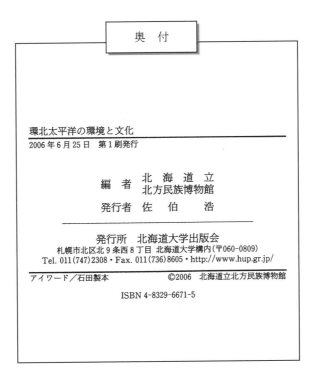

図1

```
GMD: SMD: YEAR:2006 CNTRY:ja TTLL:jpn TXTL:jpn ORGL:
ISSN: NBN: LCCN: NDLCN:
REPRO: GPON: OTHN:

TR:環北太平洋の環境と文化 / 北海道立北方民族博物館編||
   カンキタタイヘイヨウ ノ カンキョウ ト ブンカ
PUB:[札幌]：北海道立北方民族博物館 , 2006.3
PUB:([札幌]：北海道大学出版会)                (A)
PHYS:xi, 312p ; 22cm
AL:北海道立北方民族博物館||ホッカイドウリツ ホッポウ
   ミンゾク ハクブツカン <>
```

書誌レコード（ア）

問81. 書誌レコード（ア）の（A）の部分にある「([札幌]：北海道大学出版会)」は、製作者を示している。

問82. 図1の図書の所蔵レコードを登録するのは、書誌レコード（ア）である。

問83. 「AUTH=北方民族博物館」は、図1の図書の正しい検索キーである。

- 図2の図書の説明文で、正しい場合は○、間違っている場合は×としなさい。

標題紙

岩波講座
現代工学の基礎
❖
製造システム《設計系Ⅵ》

木村文彦

岩波書店

奥付

岩波講座　現代工学の基礎　13　　　　　　　（第13回配本／全16巻32分冊）

製造システム
2002年3月8日　発行
著　者　木村文彦（きむらふみひこ）
発行者　大塚信一
発行所　〒101-8002　東京都千代田区一ツ橋2-5-5　株式会社　岩波書店
　　　　電　話　案内 03-5210-4000　http://www.iwanami.co.jp/
　　　　本文・函印刷：精興社　製本：中永製本

© Fumihiko Kimura 2002　　　　　ISBN4-00-010993-6　　Printed in Japan

ページ数：x, 131p
大きさ　：22cm

図2

問84. 「TITLE=製造 岩波講座*」は、図2の図書の正しい検索キーである。

問85. 図2の図書の奥付のように、出版年と著作権登録年の両方が明記されている場合、PUBフィールドの出版年には原則として著作権登録年が記述されている。

問86. 図2の図書の所蔵レコードを登録するのは、次の書誌レコード（イ）である。

```
GMD: SMD: YEAR:2005 CNTRY:ja TTLL:jpn TXTL:jpn ORGL:
ISSN: NBN: LCCN: NDLCN:
REPRO: GPON: OTHN:
VOL: ISBN:4000069446 PRICE: XISBN:


TR:製造システム / 木村文彦著||セイゾウ システム
PUB:東京 : 岩波書店 , 2005.8
PHYS:x, 131p ; 22cm
NOTE:参考文献: p125-127
PTBL:シリーズ現代工学入門||シリーズ ゲンダイ コウガク ニュウモン
     <BA71426152> //a
AL:木村, 文彦(1945-)||キムラ, フミヒコ<DA00050397>
```

書誌レコード（イ）

- 図3の図書の説明文で、正しい場合は〇、間違っている場合は×としなさい。

図3

問87. 「TITLE=大正・昭和篇」は、図3の図書の正しい検索キーである。

問88. 「AUTH=富岡直方」は、図3の図書の正しい検索キーである。

問89. 図3の図書の所蔵レコードを登録するのは、次の書誌レコード（ウ）である。

```
GMD: SMD: YEAR:1932 CNTRY:ja TTLL:jpn TXTL:jpn ORGL:
ISSN: NBN: LCCN: NDLCN:
REPRO: GPON: OTHN:
VOL:大正・昭和篇 ISBN: PRICE: XISBN:

TR:日本猟奇史 / 富岡直方著||ニホン リョウキシ
PUB:東京 : 啓松堂 , 1932
PHYS:309p ; 20cm
AL:富岡, 直方||トミオカ, ナオカタ <DA00031219>
```

書誌レコード（ウ）

- 図4の図書の説明文で、正しい場合は○、間違っている場合は×としなさい。

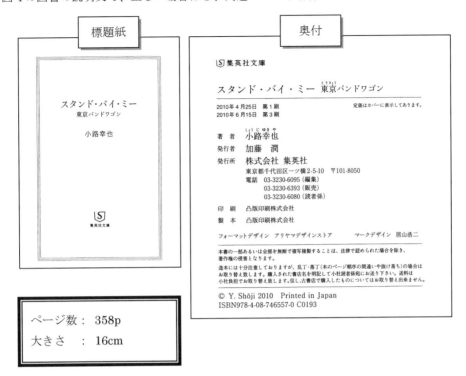

図4

```
GMD:   SMD:   YEAR:2008  CNTRY:ja  TTLL:jpn  TXTL:jpn  ORGL:
ISSN:  NBN:JP21406195  LCCN:  NDLCN:
REPRO:  GPON:  OTHN:
VOL:  ISBN:9784087462876  PRICE:579 円  XISBN:


TR:東京バンドワゴン / 小路幸也 [著]||トウキョウ バンドワゴン
PUB:東京 : 集英社 , 2008.4
PHYS:330p ; 16cm
PTBL:集英社文庫||シュウエイシャ ブンコ <BN01277945> [し-46-1]//a
AL:小路, 幸也(1961-)||ショウジ, ユキヤ <DA14010294>
```

書誌レコード（エ－1）

```
GMD: SMD: YEAR:2008 CNTRY:ja TTLL:jpn TXTL:jpn ORGL:
ISSN: NBN: LCCN: NDLCN:
REPRO: GPON: OTHN: TRC:08023488
VOL: ISBN:9784087712292 PRICE:1500 円 XISBN:

TR:スタンド・バイ・ミー / 小路幸也著||スタンド バイ ミー
PUB:東京 : 集英社 , 2008.4
PHYS:301p ; 20cm
PTBL:東京バンドワゴン / 小路幸也著||トウキョウ
      バンドワゴン <BA76953392>//a
AL:小路, 幸也(1961-)||ショウジ, ユキヤ <DA14010294>
```

書誌レコード（エ－2）

```
GMD: SMD: YEAR:2010 CNTRY:ja TTLL:jpn TXTL:jpn ORGL:
ISSN: NBN: LCCN: NDLCN:
REPRO: GPON: OTHN:
VOL: ISBN:9784087465570 PRICE:571 円＋税 XISBN:

TR:スタント・バイ・ミー / 小路幸也著||スタント・バイ・ミー
PUB:東京 : 集英社 , 2010.4
PHYS:358p ; 16cm
PTBL:集英社文庫||シュウエイシャ ブンコ <BN01277945> [し-46-1] . 東京
      バンドワゴン||トウキョウ バンドワゴン//ab
AL:小路, 幸也(1961-)||ショウジ, ユキヤ <DA14010294>
```

書誌レコード（エ－3）

問90. 図4の図書の所蔵レコードを登録するのは、書誌レコード（エ－1）である。

問91. 図4の図書の所蔵レコードを登録するのは、書誌レコード（エ－1）、書誌レコード（エ－2）、書誌レコード（エ－3）のいずれも該当しない。

- 図５の図書の説明文で、正しい場合は○、間違っている場合は×としなさい。

タイトルページ

Writing Scientific Papers
in English

An ELSE-Ciba Foundation Guide
for Authors

Maeve O'Connor
Senior Editor, Ciba Foundation, London

and

F. Peter Woodford
Executive Director, Institute for Research into Mental & Multiple Handicap, London

Sponsored by the International Union of Biological Sciences, the International Union of Geological Sciences, and EDITERRA

1976

Elsevier · Excerpta Medica · North-Holland
Amsterdam · Oxford · New York

タイトルページ裏

© *Copyright 1975 Ciba Foundation*

All rights reserved. No part of this publication may be reproduced or transmitted in any form or by any means, electronic or mechanical, including photocopying and recording, or by any information storage and retrieval system, without permission in writing from the publishers.

First printing January 1975
Second printing August 1975
Third printing January 1976
Fourth printing March 1976

ISBN Excerpta Medica 90 219 4035 3
ISBN American Elsevier 0444-15165-6

Published in 1976 by Elsevier/Excerpta Medica/North-Holland, P.O. Box 211, Amsterdam, and American Elsevier, 52 Vanderbilt Avenue, New York, N.Y. 10017.

Suggested publisher's entry for library catalogues: Elsevier/Excerpta Medica/North-Holland.

ページ数	: vii, 108 p.
大きさ	: 25 cm.
装丁	: ハードカバー

図５

```
GMD:  SMD:  YEAR:1978  CNTRY:uk  TTLL:eng  TXTL:eng  ORGL:
ISSN:  NBN:B7833974  LCCN:  NDLCN:
REPRO:c   GPON:  OTHN:                                    (A)
VOL::  [pbk.]  ISBN:0272795151  PRICE:£1.25  XISBN:

TR:Writing scientific papers in English : an ELSE-Ciba Foundation guide for
    authors / Maeve O'Connor and F. Peter Woodford
PUB:Tunbridge Wells : Pitman Medical , 1978, c1977
PHYS:vii, 108 p. ; 22 cm
NOTE:Originally published: Oxford : Elsevier, 1975
NOTE:"Original hardbound edition published by Excerpta Medica,
    PO BOX 211, Amsterdam."--T.p. verso                (B)
AL:*O'Connor, Maeve <DA01072517>
AL:Woodford, F. Peter, 1930- <DA01189059>
AL:European Life Science Editors <DA0264503X>
AL:Ciba Foundation <DA00923856>
```

書誌レコード（オ）

問92. 図5の図書の所蔵レコードを登録するのは、書誌レコード（オ）である。

問93. 書誌レコード（オ）の（A）の部分にある「REPRO:c」は、目録対象資料が複製物であることを示している。

問94. 書誌レコード（オ）の（B）の部分にある「T.p. verso」は、タイトルページ裏という意味である。

- 図6の図書の説明文で、正しい場合は〇、間違っている場合は×としなさい。

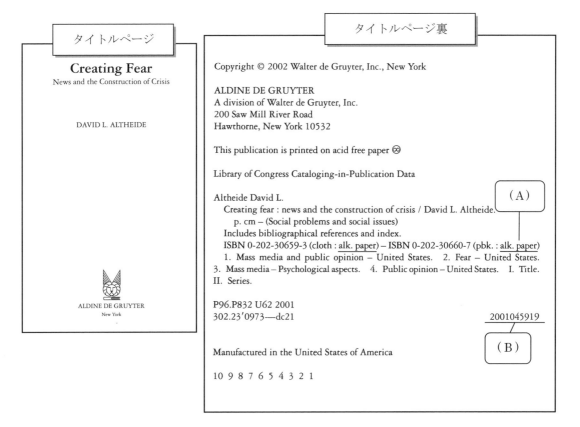

図6

問95. 図6の図書の所蔵レコードを登録するのは、次の書誌レコード（カ）である。

GMD: SMD: YEAR:2002 **CNTRY:**us **TTLL:**eng **TXTL:**eng **ORGL:**
ISSN: NBN: LCCN:2001045919 **NDLCN:**
REPRO: GPON: OTHN:
VOL:: cloth **ISBN:**0202306593 **PRICE: XISBN:**

TR: Creating fear : news and the construction of crisis / David L. Altheide
PUB: New York : Aldine de Gruyter , c2002
PHYS:xi, 223 p. : ill. ; 23 cm
NOTE: Includes bibliographical references (p. 199-209) and index
PTBL: Social problems and social issues <BA09963558>//a
AL: Altheide, David L., 1945- <DA01422313>

書誌レコード（カ）

問96. 図6の図書のタイトルページ裏（A）の部分にある「alk. paper」とは、酸性紙という意味である。

問97. 図6の図書のタイトルページ裏（B）の部分は、LCコントロール番号（LCCN）である。

- 図7の図書の説明文で、正しい場合は〇、間違っている場合は×としなさい。

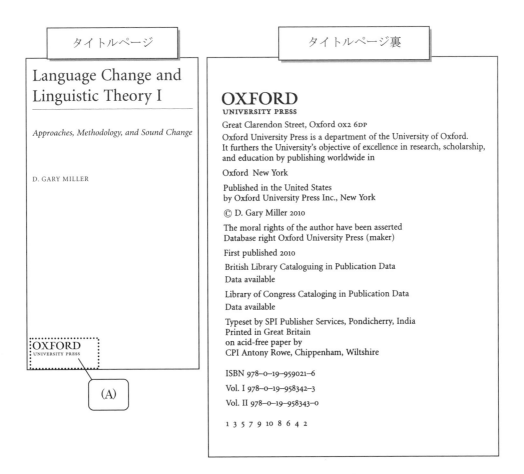

図7

問98. 図7の図書の所蔵レコードを登録するのは、次の書誌レコード（キ）である。

```
GMD:　SMD:　YEAR:2010　CNTRY:uk　TTLL:eng　TXTL:und　ORGL:
ISSN:　NBN:015510639　NBN:GBB039163　LCCN:　NDLCN:
REPRO:　GPON:　OTHN:
VOL:　ISBN:9780199590216　PRICE:　XISBN:

TR:Language change and linguistic theory / D. Gary Miller
PUB:Oxford：Oxford University Press，2010
PHYS:2 v.：ill.；24 cm
NOTE:"Oxford linguistics"…Dust jacket
AL:* Miller, D. Gary <DA07192271>　――（B）
```

書誌レコード（キ）

問99. 図7の図書のタイトルページ（A）の部分にある「OXFORD」は、出版地を示している。

問100. 書誌レコード（キ）の（B）の部分は、規定の情報源に「Oxford linguistics」という表示があることを示している。

（終）

第3章

「総合目録－図書中級」過去問題

IAAL 大学図書館業務実務能力認定試験

「総合目録－図書中級」 第1回（2010年11月7日）

試験問題

- 「総合目録－図書中級」では、NACSIS-CAT において、和洋図書の書誌作成が可能な知識のあることを評価します。
- 設問中にあるフィールド名と各フィールドの区切り記号は、「目録システムコーディングマニュアル」に準拠しています。

注意事項

1. **指示があるまで開いてはいけません。**
2. 問題は150題で、解答時間は90分です。
3. 設問の番号と解答用紙の番号は対になっています。
4. 各設問の指示に沿って、解答欄の①〜⑤の番号のうち、**最も適切なもの**を**1つだけ**塗りつぶしてください。
   1つの解答欄で2つ以上の番号を塗りつぶすと、不正解となります。
5. 解答用紙は機械処理しますので、折ったり曲げたりしないでください。

NPO法人大学図書館支援機構

I. 目録の基礎

以下の問1～問30は、和洋図書の目録に関する基本問題です。

- 次の文章を読んで以下の問1～2に答えなさい。

> 書誌レコードや典拠レコードの作成の際、他機関が作成した MARC を【a】した参照ファイルを利用して、書誌流用入力を行うことができる。
> また最近では、海外の書誌ユーティリティ等に接続して直接データベースを参照する【b】も導入されている。これらは、様々な目録規則に従って作成されているため、総合目録データベースへのデータ取り込みの際は、NACSIS-CAT の基準と照合する必要がある。

問1. 【a】に入る最も適切なものを選びなさい。
① Unicode 化
② ダウンロード
③ フォーマット変換
④ 相互リンク

問2. 【b】に入る最も適切なものを選びなさい。
① OAI-PMH
② Z39.50
③ 共同分担目録
④ 目録システム間リンク

- 次の文章を読んで以下の問3～5に答えなさい。

> 書誌を新規に作成する場合、必要なフィールドを一から記述していくオリジナル入力の他に、参照ファイルからの流用入力と、【a】からの流用入力がある。後者の流用入力は、特に【b】がある場合に効率的な書誌作成が行える。具体例として、【c】を作成する場合があげられる。

問3. 【a】に入る最も適切なものを選びなさい。
① LC MARC
② NDL MARC
③ 総合目録データベース
④ 図書館流通センター MARC

問4. 【b】に入る最も適切なものを選びなさい。
① 一致する書誌
② 参照ファイル
③ 親書誌
④ 類似の書誌

問5. 【c】に入る最も適切なものを選びなさい。
① 原書の書誌
② 親書誌
③ 多巻物の書誌
④ 版が異なる書誌

- 次の文章を読んで以下の問6～7に答えなさい。

> 図書書誌ファイルに登録されたすべての書誌レコードは、当該書誌レコードが国立情報学研究所で定めた基準や、目録規則などに照らして誤りであると判断されない限り、原則として【a】。
> 逆に、国立情報学研究所で定めた基準や、目録規則に照らして誤りであることが明らかである場合は、【b】。
> また、修正はデータが正確かつ豊富になる方向で行う。

問6.　【a】に入る最も適切なものを選びなさい。
① 最初に作成された書誌レコードを維持する
② 当該書誌レコードの修正を行う必要がある
③ 書誌の修正は一切認められていない
④ 作成館だけが修正できる

問7.　【b】に入る最も適切なものを選びなさい。
① コーディングマニュアルの修正指針に従って対応する
② いつでも参加館が修正できる
③ 国立情報学研究所に報告する
④ 最初に作成された書誌レコードを維持する

- 次の文章を読んで以下の問8に答えなさい。

> 次のフィールドの内、転記の原則によってデータ記入を行うフィールドは【a】である。
> 　　TR（タイトル及び責任表示に関する事項）
> 　　ED（版に関する事項）
> 　　PUB（出版・頒布等に関する事項）
> 　　PHYS（形態に関する事項）
> 　　PTBL（書誌構造リンク）
> 　　AL（著者名リンク）

問8.　【a】に入る最も適切なものを選びなさい。
　① TR、PUB、PHYS、AL
　② TR、ED、PUB、PTBL
　③ TR、ED、PHYS、PTBL
　④ TR、PUB、PTBL、AL

- 次の文章を読んで以下の問9～11に答えなさい。

> 各フィールドの区切り記号は、原則として【a】区切り記号法に準拠している。この区切り記号は、【b】のためのものであるため、総合目録データベースでは一部の記号法が改変されている。例えば、システムによってはフィールドごとにピリオドを置く出力形式もあるため、【c】のピリオドは記述しない。

問9.　【a】に入る最も適切なものを選びなさい。
　① ISBD
　② ISO
　③ JIS
　④ NCR

問10.　【b】に入る最も適切なものを選びなさい。
　① ステミング
　② 機械的識別
　③ 正規化
　④ 全文一致検索

問11.　【c】に入る最も適切なものを選びなさい。
　① イニシャル
　② フィールドの末尾
　③ 省略形
　④ 文末

● 次の文章を読んで以下の問 12〜15 に答えなさい。

> コードブロックは、次の諸要素からなる。
> 1. 目録規則上は記述の一部として記録されることになっているが、コードブロックにフィールドを独立させた項目
>   具体例：【a】、国際標準図書番号、国際標準逐次刊行物番号 等
> 2. 出版物理単位の表現を行うために、対のフィールドとして設定された項目群
>   具体例：巻次等、【b】、価格／入手条件 等
> 3. その他のコード化情報
>   具体例：【c】、出版国コード、言語コード、その他の標準番号等
> 4. 管理用フィールド
>   具体例：レコード ID 等
>
> 記述ブロックの内容をコード化することにより、例えば特定の言語の資料をシステム的に抽出するといったことが可能になる。
> 【d】は入力レベルが「必須 1」の項目の一つである。

問12. 【a】に入る最も適切なものを選びなさい。
① 一般資料種別コード
② 刊年
③ 言語コード
④ 主題コード

問13. 【b】に入る最も適切なものを選びなさい。
① 一般資料種別コード
② 刊年
③ 国際標準図書番号
④ 全国書誌番号

問14. 【c】に入る最も適切なものを選びなさい。
① 一般資料種別コード
② 刊年
③ 構造コード
④ 主題コード

問15. 【d】に入る最も適切なものを選びなさい。
① 原本の言語コード
② 出版国コード
③ 複製コード
④ 本文の言語コード

- 次の文章を読んで以下の問 16〜21 に答えなさい。

> 【a】のために、AL フィールドを使用する。
> 目録作業時には、記述対象資料の著者標目に対応する著者名典拠レコードを作成し、著者名リンクを形成することができる。ただし、対応する著者名典拠レコードが既に作成されている場合は、リンク形成のみを行う。
> リンク形成を行うと AL フィールドには、リンク先著者名典拠レコードのレコード ID が表示される他、さらにリンク先著者名典拠レコードの【b】が表示される。これによって、【c】が統一されることになる。
> リンク形成を行わない場合、『目録情報の基準』8 の条項に従いつつ、AL フィールドに【d】を記録する。
> AL フィールドには、必要に応じて、会議の回次等を記録する。
> また、【e】の標目であることを示す【f】フラグとしてアステリスク（*）を記録することもできる。

問16. 【a】に入る最も適切なものを選びなさい。
　① 著者の記述
　② 著者名のヨミの検索
　③ 著者名典拠コントロール
　④ 同姓同名著者の生年月日確認

問17. 【b】に入る最も適切なものを選びなさい。
　① 著者
　② 著者の生年月日
　③ 著者名のヨミ
　④ 統一標目形

問18. 【c】に入る最も適切なものを選びなさい。
　① 生年月日の表記形
　② 著者
　③ 著者標目の形
　④ 著者名のヨミ

問19. 【d】に入る最も適切なものを選びなさい。
　　① 著者
　　② 著者の生年月日
　　③ 著者標目形
　　④ 著者名のヨミ

問20. 【e】に入る最も適切なものを選びなさい。
　　① 会議名
　　② 基本記入
　　③ 主記入
　　④ 著者性の高い著者

問21. 【f】に入る最も適切なものを選びなさい。
　　① 会議名
　　② 基本記入
　　③ 主記入
　　④ 著者名

- 次の文章を読んで以下の問22～24に答えなさい。

> 当該書誌単位と書誌構造を形成している書誌単位相互の関係を、コード化して記録することができる。具体的には、シリーズである場合は【a】、セットである場合は【b】というコードを記入する。
> この構造の種類は、例えば親書誌の単位でまとめて分類して書架に置くような場合は、【c】を記入するといった、各参加組織の便宜のために設けられたデータ要素であり、不都合があれば変更できる。

問22. 【a】に入る最も適切なものを選びなさい。
　　① a
　　② b
　　③ k
　　④ l

問23. 【b】に入る最も適切なものを選びなさい。
　　① a
　　② b
　　③ k
　　④ l

問24. 【c】に入る最も適切なものを選びなさい。
　　① a
　　② b
　　③ k
　　④ l

- 次の文章を読んで以下の問25～29に答えなさい。

> 主題ブロックには、標準的な分類及び【a】等を記録する。分類については、【b】であって、【c】ではないことに注意する。すなわち、個々の図書館等の独自な情報である【d】は、書誌レコードではなく【e】に記録することができる。

問25. 【a】に入る最も適切なものを選びなさい。
① シソーラス
② 件名
③ 索引語
④ 主題語

問26. 【b】に入る最も適切なものを選びなさい。
① NDC分類
② 階層型分類
③ 書架分類
④ 書誌分類

問27. 【c】に入る最も適切なものを選びなさい。
① NDC分類
② 階層型分類
③ 書架分類
④ 書誌分類

問28. 【d】に入る最も適切なものを選びなさい。
① NDC分類
② 階層型分類
③ 書架分類
④ 書誌分類

問29. 【e】に入る最も適切なものを選びなさい。
① 所蔵レコードのCLNフィールド
② 所蔵レコードのCPYNTフィールド
③ 所蔵レコードのLTRフィールド
④ 所蔵レコードのRGTNフィールド

- 次の文章を読んで以下の問 30 に答えなさい。

> コーディングマニュアル本編の他に、各種資料についてのマニュアルとして「和漢古書の取扱い」、「視聴覚資料の取扱い」、【a】などがあり、それぞれの資料の取扱い、記述等について特に定められているが、そこに書かれていない事柄は、原則として本編による。

問30. 【a】に入る最も適切なものを選びなさい。
① マイクロ資料の取扱い
② リモートアクセスされる電子ブックの取扱い
③ 楽譜資料の取扱い
④ 地図資料の取扱い

II. 書誌作成・和図書

以下の問 31〜問 72 は、**和図書**の書誌作成を前提とした問題です。

【複製・原本代替資料】

問31. 複製・原本代替資料について述べた文章のうち、最も適切なものを選びなさい。
① 目録対象資料が複製物である場合は、REPRO フィールドに「 r 」を記入する。
② 原則として、原本代替資料の書誌の PUB フィールドには、原本の情報を記述する。
③ 「私家複製版」など、原本代替資料であることを示す表示は ED フィールドには記述しない。
④ 目録対象資料が複製物であっても、その原資料の書誌が総合目録データベースに存在しない場合は、REPRO フィールドには何も記入しない。
⑤ 原本代替資料は、記述対象資料ごとに書誌を作成しなければならない。

【YEAR】

● 問 32〜34 について、YEAR1 フィールドの値と、PUB フィールドの出版年月等との対応として、正しい場合は①を、間違っている場合は②を選びなさい。

問32. YEAR1: 197712　PUB: 1977.12
問33. YEAR1: 1995　　PUB: [1995 序]
問34. YEAR1: 1990　　PUB: [199-]

【TTLL, TXTL, ORGL】

問35. ある小説がフランス語で刊行された後、英語に翻訳され刊行された。さらにその後、その英語版を日本語に翻訳したものが刊行された。この日本語版の図書の書誌について、ORGL フィールドに入るコードとして最も適切なものを選びなさい。
① fre
② eng
③ jpn
④ freeng
⑤ mul

- 図 2-1 の図書について、TTLL フィールドおよび TXTL フィールドに入るコードとして最も適切なものをそれぞれ選びなさい。

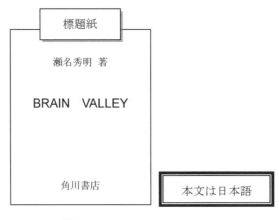

図 2-1

問36. TTLL フィールド
   ① jpn
   ② eng
   ③ jpneng
   ④ engjpn
   ⑤ mul

問37. TXTL フィールド
   ① jpn
   ② eng
   ③ jpneng
   ④ engjpn
   ⑤ mul

【VOL】

問38. 図 2-2 の図書について、VOL フィールドの記述として最も適切なものを選びなさい。

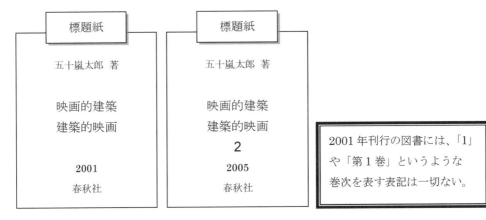

図 2-2

① VOL: 1
   VOL: 2

② VOL: [1]
   VOL: 2

③ VOL: [1]
   VOL: [2]

④ VOL:
   VOL: 2

⑤ VOL: [1], 2

問39. 次の図書について、VOL フィールド及び ISBN フィールドの記述として最も適切なものを選びなさい。

> ・全 2 巻（各巻の情報源に「1」「2」という巻次の明記あり）
> ・「セット」に対応する ISBN（4469030805）のみあり
> ・各巻には ISBN は付与されていない

① VOL: 1, 2　　ISBN:4469030805

② VOL:　　ISBN:4469030805
　 VOL: 1
　 VOL: 2

③ VOL: 1　　ISBN:4469030805
　 VOL: 2　　ISBN:4469030805

④ VOL:: セット　ISBN:4469030805
　 VOL: 1, 2

⑤ VOL:: セット　ISBN:4469030805
　 VOL: 1
　 VOL: 2

【TR】
- 問 40～44 について、TR フィールドのデータ要素の情報源であるものには①を、そうでないものは②を、それぞれ選びなさい。

問40. 表紙
問41. 標題紙裏
問42. ジャケット
問43. 副標題紙
問44. 背

問45. 情報源に著者と監修者がそれぞれ明記されている場合、TR フィールドの責任表示の記述の仕方として最も適切なものを選びなさい。
　① 著者と監修者を記述する。
　② 著者と監修者を記述するが、監修者は補記とする。
　③ 監修者のみ記述する。
　④ 著者のみ記述し、監修者は NOTE フィールドに記述する。
　⑤ 著者と監修者のどちらを記述するかは目録作成者の判断に任せられている。

問46. 情報源に同一の役割を持つ著者が5名書かれてあり、1名（田中次郎と仮定）だけをTRフィールドの責任表示に記述し、その他は省略することにした。この場合のTRフィールドの責任表示の記述の仕方として最も適切なものを選びなさい。
　① 田中次郎著
　② 田中次郎他著
　③ 田中次郎［ほか］著
　④ 田中次郎［ほか4名］著
　⑤ 田中次郎 ... [et al.]

問47. 情報源にある「有頂点物語」という本タイトルが、「有頂天物語」の誤り（誤植）であることが分かった。この場合のTRフィールドの記述として最も適切なものを選びなさい。
　① 有頂点物語
　② 有頂天物語
　③ 有頂[点]物語
　④ 有頂[天]物語
　⑤ 有頂天[点]物語

● 問48～52について、ヨミに関する規定として、以下の内容が正しい場合は①を、間違っている場合は②を選びなさい。

問48. タイトル中に漢数字がある場合、それに対応するヨミはすべてアラビア数字とする。

問49. タイトルに「シエクスピア」という語がある場合、対応するヨミは一般的な「シェークスピア」とするのが望ましい。

問50. タイトルに「Windows」という語がある場合、対応するヨミは「ウインドウズ」である。

問51. 「倫敦」は「ロンドン」、「伯林」は「ベルリン」とするなど、漢字で表記された外国の国名や地名等は、原則として原語に近い慣用音をヨミとする。

問52. 中国語のタイトルについては、カタカナのヨミの代わりに、ピンイン表記を入力しなければならない。

問53. タイトル「21世紀への招待」のヨミ及びわかち書きとして、最も適切なものを選びなさい。
　① ニジュウイチセイキ　ヘノ　ショウタイ
　② ニジュウイチセイキ　エノ　ショウタイ
　③ 21セイキ　ヘノ　ショウタイ
　④ 21セイキ　ヘ　ノ　ショウタイ
　⑤ 21セイキ　エノ　ショウタイ

【版表示】

問54. 情報源にある「普及版」という情報について、これを記述するフィールドとして最も適切なものを選びなさい。
　① VOLフィールド
　② TRフィールドのタイトル関連情報
　③ EDフィールド
　④ NOTEフィールド
　⑤ VTフィールド

【PUB】

● 問55～59について、PUBフィールドのデータ要素の情報源であるものには①を、そうでないものは②を、それぞれ選びなさい。

問55. 表紙
問56. 標題紙裏
問57. 奥付
問58. ジャケット
問59. 背

問60. 情報源に次の情報がすべて明記されている場合、PUBフィールドの記述として最も適切なものを選びなさい。

　・出版年　2001年11月
　・出版者　日経BP社
　・発売所　日経BP出版センター
　・出版者及び発売所の所在地　東京都中央区

① PUB: 東京：日経 BP 社, 日経 BP 出版センター (発売), 2001.11

② PUB: 東京：日経 BP 社：日経 BP 出版センター (発売), 2001.11

③ PUB: 東京：日経 BP 社, 2001.11
PUB: 東京：日経 BP 出版センター (発売)

④ PUB: 東京：日経 BP 社
PUB: 東京：日経 BP 出版センター (発売), 2001.11

⑤ PUB: 東京：日経 BP 社
PUB: 東京：日経 BP 出版センター [発売], 2001.11

問61. 出版者が全く特定できず不明である場合、PUB フィールドの出版者の記述として最も適切なものを選びなさい。
① [ ]
② [?]
③ [出版者不明]
④ 出版者不明
⑤ 　　　　　（何も記入しない）

問62. 複数の出版物理単位から成る書誌で、出版年の始まりが 1995 年、終わりが 1997 年である場合、PUB フィールドの出版年月等の記述として最も適切なものを選びなさい。
① 1995, 1997
② 1995-1997
③ 19951997
④ 1995-97
⑤ 1997

【PHYS】

問63. 複数の出版物理単位から成る書誌で、第 1 巻と第 2 巻の大きさは 25 センチメートル、第 3 巻は 21 センチメートルである場合、PHYS フィールドの大きさの記述として最も適切なものを選びなさい。
① 21-25cm
② 25-21cm
③ 21cm
④ 25cm
⑤ 21cm, 25cm

問64. ある図書と同時に刊行され、同時に使用するようになっている付属 CD-ROM が 1 枚ある。この CD-ROM を PHYS フィールドで記述する場合の、最も適切な記述の仕方を選びなさい。なお、図書本体のページ数は 100 ページ、大きさは 25 センチメートルとする。
① 100p；25cm + CD-ROM1 枚
② 100p, CD-ROM1 枚；25cm
③ 100p：CD-ROM1 枚；25cm
④ 100p；25cm：CD-ROM1 枚
⑤ 付属資料は PHYS フィールドに記述してはならない

問65. 本文が 100 ページ、ページ付のない図版が 10 ページある図書の場合、PHYS フィールドの数量の記述として最も適切なものを選びなさい。
① 110p
② 100, 10p
③ 100p, 図版 10p
④ 100p, 図版[10]p
⑤ 100p：図版[10]p

【CW】
問66. CW フィールドについて述べた文章のうち、最も適切なものを選びなさい。
① CW フィールドにはタイトル及びタイトル関連情報を記述するが、著者や編者など責任表示に関する情報は記述してはならない。
② CW フィールドには、参考文献や年表などの情報を記述しておくことが望ましい。
③ 複数の出版物理単位から成る図書で、うち数冊にのみ固有のタイトルがある場合、その固有のタイトルは CW フィールドに記述しておく。
④ CW フィールドは、目録対象資料の解題や要旨などを記述するためのフィールドである。
⑤ 1つの CW フィールドに複数の著作単位のタイトルを記述してはならない。

【PTBL】

- 問67〜71について、PTBLフィールドのデータ要素の情報源であるものには①を、そうでないものは②を、それぞれ選びなさい。

問67. 標題紙
問68. 標題紙裏
問69. 背
問70. 表紙
問71. ジャケット

【AL】

問72. 著者名典拠レコードについて述べた文章のうち、最も適切なものを選びなさい。
① 同姓同名などの場合は著者標目形が重複しないよう、付記事項として生年や専門分野を記述する。
② 付記事項は、名称に続けて補記としての角括弧を用い、その中に記述する。
③ 実際に存在する姓名ではないような芸名やペンネーム等は、著者標目形には採用してはならない。
④ 日本人名の場合、名前および付記事項のヨミも記述しなければならない。
⑤ 1人の著者が著作によって名前を使い分けている場合、任意の1つの名前を著者標目形に採用し、その他の名前はそのレコード内のSFフィールドで記述する。

III. 総合・和図書

以下の問73〜問90は、**和図書**の書誌作成に関する総合的な問題です。

- 図 3-1 の図書について、参照ファイルからの書誌流用入力を行うことになった。書誌 3-1 を流用元のレコードとする場合、問73〜問79に挙げるフィールドのうち、修正すべき箇所には①を、そのままで良い箇所には②を選びなさい。

問73. VOL フィールド
問74. YEAR フィールド
問75. TR フィールドのタイトル
問76. TR フィールドの責任表示
問77. TR フィールドのヨミ
問78. PUB フィールド
問79. PHYS フィールド

```
GMD:  SMD:  YEAR:1992  CNTRY:ja  TTLL:jpn  TXTL:jpn  ORGL:eng
ISSN:  NBN:JP80019354  LCCN:  NDLCN:
REPRO:  GPON:  OTHN:
VOL:  ISBN:4882613832  PRICE:  XISBN:

TR: GATT と途上国　国際経済資料集 4 / ロバート・E.ヒュデック著||
ガット　ト　トジョウコク
PUB: 東京 : 信山社 , 1992.2
PHYS: 305, 19p ; 20cm
NOTE: 訳: 中川淳司　原タイトル: Developing countries in the GATT legal system
AL: Hudec, Robert E. <>
CLS: NDC9:678.3
SH: NDLSH:発展途上国 ‥ 貿易 || ハッテントジョウコク ‥ ボウエキ//K
SH: NDLSH:貿易政策 || ボウエキセイサク//K
```

書誌 3-1

```
┌─── 標題紙 ───┐
│              │
│ GATT と途上国 │
│              │
│ 国際経済資料集 4 │
│              │
│              │
│ ロバート・E.ヒュデック 著 │
│   中川淳司 訳 │
└──────────────┘
```

```
┌─── 奥付 ──────────────────────────────┐
│ GATT と途上国        国際経済資料集 4   │
│ 1992 年 2 月 7 日    第 1 刷発行       │
│                                        │
│   著者   ロバート・E.ヒュデック         │
│   訳者   中川　淳司                    │
│   発行所  株式会社　信山社              │
│          〒150-8400 東京都渋谷区神宮前 17-19 │
│   装丁   グラフィック社                │
│   製本   神宮製本社                    │
│   ............................         │
│          ISBN　4-882-61383-2           │
└────────────────────────────────────────┘
```

```
┌──────────────────────────┐
│ ページ付け：305 、19      │
│ 縦の長さ　：19.8 センチメートル │
│ 横の幅　　：12.5 センチメートル │
└──────────────────────────┘
```

図 3-1

```
┌─── 標題紙 ───┐
│              │
│ WTO と国際貿易 │
│              │
│ 国際経済資料集 1 │
│              │
│              │
│   若林隆平 著 │
└──────────────┘
```

（参考）

- 図 3-2 の図書の書誌を新規に作成することになった。

```
┌─ 標題紙 ─────────────┐
│                          │
│   哲学と倫理学の          │
│      バランス             │
│                          │
│   鷲田　清一             │
│                          │
│                          │
│      思想史学会          │
└──────────────────┘
```

```
┌─ 奥付 ──────────────────────────┐
│                                              │
│  思想史基礎講座 3　倫理学シリーズ 1          │
│  哲学と倫理学のバランス                      │
│                          非 売 品            │
│  ------------------------------------------  │
│    2003 年 5 月 10 日　初版第 1 刷発行       │
│    2004 年 1 月 15 日　初版第 2 刷発行       │
│                     ©2003　Kiyokazu Washida │
│                                              │
│     著者　鷲田清一                           │
│     発行所　思想史学会                       │
│          〒101-0051　東京都西東京市新町 1-20 │
│                    武蔵野大学文学部内        │
│        印刷製本・図書印刷                    │
│  ------------------------------------------  │
└────────────────────────────┘
```

図 3-2

```
┌─────────────────────┐
│ ・思想史基礎講座 1               │
│   世界思想史の系譜               │
│ ・思想史基礎講座 5　倫理学シリーズ 2 │
│   ドイツ倫理学の現在             │
└─────────────────────┘
```
（参考）

- 書誌を新規に作成する場合、図 3-2 の情報源にある各データのうち、問 80〜82 に挙げる内容をどのフィールドで記述するのが最も適切か、それぞれ選択肢から選びなさい。

問80.　図 3-2 の「哲学と倫理学のバランス」

① VOL フィールド
② TR フィールドの本タイトル
③ TR フィールドのタイトル関連情報
④ PTBL フィールドの親書誌
⑤ PTBL フィールドの中位の書誌

問81. 図 3-2 の「思想史基礎講座」
　　① VOL フィールド
　　② TR フィールドの本タイトル
　　③ TR フィールドのタイトル関連情報
　　④ PTBL フィールドの親書誌
　　⑤ PTBL フィールドの中位の書誌

問82. 図 3-2 の「倫理学シリーズ」
　　① VOL フィールド
　　② TR フィールドの本タイトル
　　③ TR フィールドのタイトル関連情報
　　④ PTBL フィールドの親書誌
　　⑤ PTBL フィールドの中位の書誌

問83. 図 3-2 の図書について、PUB フィールドの記述として最も適切なものを選びなさい。
　　① 東京：思想史学会, 2003.5
　　② 東京：思想史学会, 2004.1
　　③ 東京：思想史学会, c2003
　　④ 西東京：思想史学会, 2003.5
　　⑤ 西東京：思想史学会, 2004.1

問84. 図 3-2 の奥付のように、情報源に「非売品」とある場合、その記述の仕方として最も適切なものを選びなさい。
　　① TR フィールドのタイトル関連情報として記述する
　　② PRICE フィールドに「非売品」と記述する
　　③ PRICR フィールドに「0 円」と記述する
　　④ NOTE フィールドに「非売品」と記述する
　　⑤ どのフィールドにも記述しない

- 図 3-3 の図書を検索した結果、総合目録データベースにはこの図書の 1 巻にあたる書誌しかないことが分かった（書誌 3-3）。検討の結果、この書誌 3-3 を修正して図 3-3 の図書を登録することにした。
  この修正について、問 85～問 88 に挙げるフィールドのうち、修正すべき箇所には①を、そのままで良い箇所には②を選びなさい。（ただしリンクフィールドのリンク先は正しいものとする。）

問85. TR フィールドのタイトル
問86. TR フィールドのタイトルのヨミ
問87. PUB フィールド
問88. PTBL フィールド

- 同様に、書誌 3-3 の修正に関して、問 89～問 90 に答えなさい。

問89. YEAR フィールド（YEAR 1）の修正について、最も適切なものを選びなさい。
　　① 修正なし
　　② 「1987」を「1988」に修正する
　　③ ①、②以外の修正を行う

問90. PHYS フィールドの修正について、最も適切なものを選びなさい。
　　① 修正なし
　　② 「315 p；25cm」を「315, 397p；25cm」に修正する
　　③ ①、②以外の修正を行う

```
GMD:  SMD:  YEAR:1987  CNTRY:ja  TTLL:jpn  TXTL:jpn  ORGL:
ISSN:  NBN:  LCCN:  NDLCN:
REPRO:  GPON:  OTHN:
VOL: 1   ISBN: 4560034869   PRICE:800 円   XISBN:

TR: つかこうへい戯曲シナリオ作品集 / つかこうへい著||
ツカ コウヘイ ギキョク シナリオ サクヒンシュウ
PUB: 東京：白水社 , 1987.7
PHYS: 315p；25cm
PTBL: 白水社戯曲シリーズ||<BA38280038> 7 //a
AL:つか, こうへい||ツカ, コウヘイ <DA00031219>
CLS:NDC9:912.6
```

書誌 3-3

標題紙

つかこうへい
戯曲シナリオ作品集
II

白水社

奥付

つかこうへい戯曲シナリオ作品集　II
　　　　　　　　　白水社戯曲シリーズ　9

　　　1988年10月25日　第1刷発行

　著者　つかこうへい
　発行所　株式会社　白水社
　　〒113-0051 東京都文京区音羽 4-5-6
　　印刷製本・日本印刷

　　ISBN　4-56-004061-3

ページ付け：397
縦の長さ　：24.7センチメートル
横の幅　　：17.3センチメートル

図 3-3

IV. 書誌作成・洋図書

以下の問 91～問 130 は、**洋図書**の書誌作成を前提とした問題です。

【更新資料】

問91. 巻次としてそれぞれ "1", "2" と表示されている 2 巻ものの図書が、更新資料である加除式資料である場合について、VOL フィールドの記述として最も適切なものを選びなさい。

① VOL: 1
  VOL: 2

② VOL: 1-2

③ VOL: 1, 2

④ VOL: [1]
  VOL: [2]

⑤ VOL:　　（何も記入しない）

● 図 4-1 を見て、以下の問 92～94 に答えなさい。

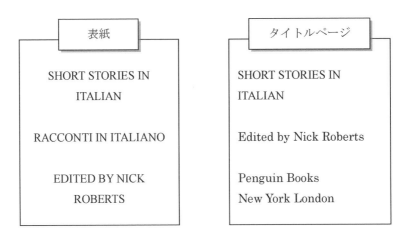

図 4-1

```
┌─────────────────────────┐    ┌─────────────────────────┐
│  本文．向かって左側のページ  │    │  本文．向かって右側のページ  │
└─────────────────────────┘    └─────────────────────────┘

  Donna in piscina                Women by the Pool

  Da qualche giorno ha ripreso    Over the past few days she's
  a fare ginnastica. Indossa un   started doing exercises again.
  body nero attillato,            She wears a tight-fitting black
  scaldamuscoli avana.            leotartd, tobacco-coloured
                                  leg-warmers.
```

図 4-1

【複製・原本代替資料】

問92. 図 4-1 の図書が、出版者から刊行されたものを図書館において複写（コピー）したものである場合、PUB フィールドの記述として最も適切なものを選びなさい。

① Penguin Books
② [Penguin Books]
③ (：In-house reproduction)
④ [Private reproduction]
⑤ Private reproduction

【TTLL, TXTL, ORGL】

問93. 図 4-1 の図書について、TTLL フィールドに入るコードとして最も適切なものを選びなさい。

① eng
② engita
③ ita
④ itaeng
⑤ und

問94. 図 4-1 の図書について、TXTL フィールドに入るコードとして最も適切なものを選びなさい。

① eng
② engita
③ ita
④ itaeng
⑤ mul

【VOL】

- 問95～99について、VOLフィールドのデータ要素の情報源であるものには①を、そうでないものは②を、それぞれ選びなさい。

問95. 表紙
問96. タイトルページ
問97. タイトルページ裏
問98. 奥付
問99. 裏表紙

問100. 巻次が"volume 1"で装丁がペーパーバックである図書について、VOLフィールドの記述として最も適切なものを選びなさい。
　　　① vol. 1：pbk
　　　② vol. 1：paperback
　　　③ vol. 1：pbk.
　　　④ 1：paperback
　　　⑤ v. 1：pbk

【TR】

- 情報源にある "Love and freindship and other early works" の3番目の単語が"friendship"の誤植である場合、これを本タイトルとしてTRフィールドに記述する仕方として、問101～105のうち正しい場合は①を、間違っている場合は②を選びなさい。

問101. Love and freindship [i.e. friendship] and other early works
問102. Love and freindship [= friendship] and other early works
問103. Love and freindship [s.n. friendship] and other early works
問104. Love and freindship [friendship] and other early works
問105. Love and freindship [sic] and other early works

問106. 情報源にある "INTRODUCTION A L'ETUDE DU DROIT CIVIL" を本タイトルとする場合、TRフィールドの記述として最も適切なものを選びなさい。
　　　① Introduction a l'etude du droit civil
　　　② Introduction a l'étude du droit civil
　　　③ Introduction à l'etude du droit civil
　　　④ Introduction à l'étude du droit civil
　　　⑤ Introduction â l'étude du droit civil

問107. 情報源にある "If elected..." を本タイトルとする場合、TR フィールドの記述として最も適切なものを選びなさい。
　① If elected...　　　　　　（ピリオド 3 点）
　② If elected‥　　　　　　（ハイフン 2 本）
　③ If elected—　　　　　　（ダッシュ 1 本）
　④ If elected・・・　　　　　（中黒 3 点）
　⑤ If elected　　　　　　　（ピリオドは記入しない）

● 問 108～112 について、TR フィールドの責任表示のデータ要素の情報源であるものには①を、そうでないものは②を、それぞれ選びなさい。

問108. 表紙
問109. タイトルページ
問110. タイトルページ裏
問111. 奥付
問112. 裏表紙

問113. 情報源にある "by Walter Allen, Michael Slater, A.W. Pollard, G.R. Redgrave" を責任表示とする場合、TR フィールドの責任表示の記述として最も適切なものを選びなさい。
　① by Walter Allen, Michael Slater, A.W. Pollard, G.R. Redgrave
　② by Walter Allen, Michael Slater, A.W. Pollard ... [et al.]
　③ by Walter Allen, Michael Slater, A.W. Pollard [... et al.]
　④ by Walter Allen ... [et al.]
　⑤ by Walter Allen [... et al.]

問114. 情報源にある "INTRODUCED BY" を責任表示とする場合、TR フィールドの役割表示の記述として最も適切なものを選びなさい。
　① introduced by
　② introd. by
　③ intro. by
　④ intr. By
　⑤ intr by

問115. TRフィールドの責任表示の記述の仕方として、最も適切なものを選びなさい。
　① 情報源上に "by Miss Jane" とあったので、"by Jane" と記入した
　② 情報源上に "Dr. Harry Smith" とあったので、"Harry Smith" と記入した
　③ 情報源上に "Sir Harry Smith" とあったので、"Harry Smith" と記入した
　④ 情報源上に "by the late Harry Smith" とあったので、"by the late Harry Smith" と記入した
　⑤ 情報源上に "by the late Harry Smith" とあったので、"by late Harry Smith" と記入した

問116. 情報源に、タイトルとして "The John Franklin Bardin omnibus" とのみ表示されている場合、TRフィールドの記述として最も適切なものを選びなさい。
　① The John Franklin Bardin omnibus / John Franklin Bardin
　② The John Franklin Bardin omnibus / [John Franklin Bardin]
　③ The John Franklin Bardin omnibus
　④ The omnibus / John Franklin Bardin
　⑤ The omnibus / [John Franklin Bardin]

【ED】
● 問117～121について、EDフィールドのデータ要素の情報源であるものには①を、そうでないものは②を、それぞれ選びなさい。
問117. 表紙
問118. タイトルページ
問119. タイトルページ裏
問120. 奥付
問121. 裏表紙

問122. EDフィールドに "second edition" という情報のみを記録する場合、その記述の仕方として最も適切なものを選びなさい。
　① 2nd ed.
　② 2nd ed
　③ 2nd edition
　④ second edition
　⑤ second ed

【PUB】

問123. 情報源にある "Carbondale Illinoi"を出版地とする場合、PUB フィールドの出版地の記述として最も適切なものを選びなさい。
① Carbondale, Ill.
② Carbondale Ill.
③ Carbondale, Illinoi
④ Carbondale [Illinoi]
⑤ Carbondale Illinoi

問124. 出版地が全く特定できず不明である場合、PUB フィールドの出版地の記述として最も適切なものを選びなさい。
① [S.l.]
② [s.l.]
③ [Sl]
④ [sl]
⑤ [n.p.]

問125. 情報源にある "published 2007, copyright 2007, printed in 2009" について、刷による内容の変更がないと分かった場合、PUB フィールドの出版年の記述として最も適切なものを選びなさい。
① 2007
② 2007, c2007
③ c2007
④ 2009 printing
⑤ 2009, c2007

問126. 情報源に出版年の表示が無く、序文（preface）の末尾に 2009 と表記されている場合、PUB フィールドの出版年の記述として最も適切なものを選びなさい。
① [2009 pref.]
② [2009 preface]
③ 2009 pref
④ 2009 preface
⑤ [2009]

【PHYS】

問127. PHYS フィールドに下記の内容のみを記述する場合、その記述の仕方として最も適切なものを選びなさい。

① 40 p ; 25 cm

② 40 p. ; 25 cm.

③ 40 p. ; 25 cm. + 1 CD-ROM

④ 40 p. : illus ; 25 cm

⑤ XI, 40 p. ; 25 cm

問128. volume 1、volume 2 の2分冊からなる図書のページ付けが、下記のようになっていた。

> volume 1: xxii, 466
> volume 2: xv, 467-1087

それぞれに固有のタイトルが無く、出版物理単位として1書誌で表現する場合、PHYS フィールドのページ数の記述として最も適切なものを選びなさい。

① xxii, 1087 p.

② 2 v. (xxii, 1087 p.)

③ 2 v. (xxii, xv, 467-1087 p.)

④ 2 v. (xxii, 466, xv, 467-1087 p.)

⑤ [xxxvii], 1087 p.

問129. 図書の大きさを測ったところ、高さ：24.2cm、幅：18.0cm であった。この場合の PHYS フィールドの大きさの記述として最も適切なものを選びなさい。

① 24 cm

② 24.2 センチメートル

③ 25 cm

④ 18 センチメートル

⑤ 25 × 18 cm

【CW】

問130. CW フィールドの記述の仕方として、最も適切なものを選びなさい。

① CW:vol. 1: The evolution of the Essais / David Maskell
② CW:vol. 1:The evolution of the Essais / David Maskell
③ CW:vol. 1. The evolution of the Essais / David Maskell
④ CW:v. 1. The evolution of the Essais / David Maskell
⑤ CW:v. 1: The evolution of the Essais / David Maskell

V. 総合・洋図書

以下の問131～問150は、**洋図書**の書誌作成に関する総合的な問題です。

問131. 図 5-1 の情報源にもとづいた AL フィールドの記述として、最も適切なものを選びなさい。

① AL:Wälde, Thomas

② AL:Werner, Jacques
　AL:Ali, Arif Hyder

③ AL:Werner, Jacques
　AL:Ali, Arif Hyder
　AL:Wälde, Thomas

④ AL:Wälde, Thomas
　AL:Werner, Jacques
　AL:Ali, Arif Hyder

⑤ AL:Wälde, Thomas
　AL:Werner, Jacques, Ali, Arif Hyder

タイトルページ

A liber amicorum : Thomas Wälde / edited by Jacques Werner & Arif Hyder Ali

Cameron May
London 2009

目次

CONTENS

Search engines, copyright and innovative business models / Charlotte Wälde……1

Legal issues of OPEC production management practices and the law :
an overview / Melaku G. Desta………………………………………………24

Dispute prevention and dispute settlement / Hew R. Dundas……………44

The wisdom of international commercial mediation and
conciliation / William F. Fox………………………………………………59

Going to pieces without falling apart / John P. Gaffney…………………86

Index……………………………………………………………112

図 5-1

問132.　図5-2の（ア）と（イ）の部分の記述として、最も適切なものを選びなさい。

① VOL:t. 1
　　TR:Science de l'information

② VOL:tome 1
　　TR:Science de l'information

③ TR:Science de l'information
　　ED:t. 1

④ TR:Science de l'information
　　ED:tome 1

⑤ TR:Science de l'information
　　ED:T. 1

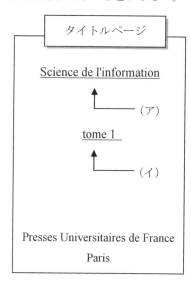

図 5-2

問133.　図5-3の（ア）と（イ）の部分の記述として、最も適切なものを選びなさい。

① VOL:2. Aufl
　　TR:Die Sowjetunion und das Dritte Reich

② VOL:zweite Aufl
　　TR:Die Sowjetunion und das Dritte Reich

③ TR:Die Sowjetunion und das Dritte Reich
　　ED:2. Aufl

④ TR:Die Sowjetunion und das Dritte Reich
　　ED:zweite Aufl

⑤ TR:Die Sowjetunion und das Dritte Reich
　　ED:zweite Auflage

図 5-3

- 図 5-4 の図書について、書誌を新規に作成してみたが（書誌 5-4）、いくつか修正すべき間違いがある。問 134～問 141 に挙げるフィールドのうち、修正すべき箇所には①を、そのままで良い箇所には②を選びなさい。（ただしリンクフィールドのリンク先は正しいものとする。）

問134. TR フィールドの本タイトル
問135. TR フィールドの最初の責任表示
問136. TR フィールドの 2 番目の責任表示
問137. PUB フィールドの出版地
問138. PUB フィールドの出版年
問139. PHYS フィールドの数量
問140. VT フィールド
問141. AL フィールド

問142. 図 5-4 の CNTRY コードとして最も適切なものを選びなさい。
① ua
② uk
③ un
④ us
⑤ xx

```
GMD: SMD: YEAR:2008 CNTRY:
TTLL:eng TXTL:eng ORGL:
ISSN: NBN: LCCN: NDLCN:
REPRO: GPON: OTHN:
VOL: ISBN: PRICE: XISBN:

TR:Essential readings in ethical leadership and management / ed. by Abe J. Zakhem ... [et al.] ; foreword by Norman E. Bowie
PUB:New York : Prometheus Books , c2008
PHYS:ix, 275, vi p. ; 23 cm
VT:CV:ESSENTIAL READINGS IN ETHICAL LEADERSHIP AND MANAGEMENT
AL:Zakhem, Abe J. <....>
AL:Bowie, Norman E. <....>
```

書誌 5-4

【表紙】

edited by
ABE J. ZAKHEM, DANIEL E. PALMER, AND MARY LYN STOLL

STAKEHOLDER
THEORY

ESSENTIAL READINGS
IN ETHICAL LEADERSHIP
AND MANAGEMENT

FOREWORD BY NORMAN E. BOWIE

【タイトルページ】

edited by
ABE J. ZAKHEM, DANIEL E. PALMER, AND MARY LYN STOLL

STAKEHOLDER
THEORY

ESSENTIAL READINGS
IN ETHICAL LEADERSHIP
AND MANAGEMENT

Prometheus Books
59 John Glenn Drive
Amherst, New York 14228-2119

【タイトルページ裏】

Published 2008 by Prometheus Books
Copyright c2008 by Abe J. Zakhem

Inquiries should be addressed to
Prometheus Books
59 John Glenn Drive
Amherst, New York 14228-2119
Voice: 716-691-0133, ext. 210
FAX: 716-691-0137
WWW.PROMETHEUSBOOKS.COM

12 11 10 09 08   5 4 3 2 1

ページ付け：ix, 275, vi
縦の長さ：23.0 センチメートル
横の幅：17.3 センチメートル

図 5-4

- 図 5-5 の図書について、書誌を新規に作成してみたが（書誌 5-5）、いくつか修正すべき間違いがある。問 143〜問 150 に挙げるフィールドのうち、修正すべき箇所には①を、そのままで良い箇所には②を選びなさい。（ただしリンクフィールドのリンク先は正しいものとする。）

問143. YEAR フィールド（YEAR 1）
問144. LCCN フィールド
問145. VOL フィールド
問146. TR フィールドのタイトル
問147. PUB フィールドの出版年
問148. PHYS フィールドの数量
問149. PHYS フィールドの大きさ
問150. AL フィールド

```
GMD: SMD: YEAR:2009 CNTRY:us
TTLL:eng TXTL:eng ORGL:
ISSN: NBN: LCCN: NDLCN:
REPRO: GPON: OTHN:
VOL: ISBN:0415877636 PRICE: XISBN:

TR:Who speaks for the poor / R. Allen Hays
PUB:New York : Routledge , 2009 printing
PHYS:vii, 600 p. ; 22 cm
AL:Hays, R. Allen <...>
```

書誌 5-5

表紙

WHO
Speaks
for
the Poor?

R. Allen Hays

タイトルページ

WHO SPEAKS FOR THE POOR?
National Interest Groups
and Social Policy

R. Allen Hays

Routledge
New York & London / 2001

ページ付け：vii, 600
縦の長さ：21.4センチメートル
横の幅：13.0センチメートル
装丁：ペーパーバック

タイトルページ裏

Published in 2001 by
Routledge
270 Madison Ave,
New York NY 10016

Transferred to Digital Printing 2009
Copyright c2001 by R. Allen Hays

Library of Congress Cataloging-in-Publication Data
Hays, R. Allen, 1945-
　Who speaks for the poor : national interest groups and social policy / R. Allen Hays.
　p. cm
　Includes bibliographical references and index.
　ISBN 0-8153-3075-8
　1. Pressure groups—United States.　2. Economic assistance, Domestic—United States. I. Title. II. Politics and policy in American institutions.
　JK1118.H37　2000
　322.4'3'0973—dc21　　　　　　　　　　　00-044254

ISBN 10: 0-815-33075-8 (hbk)
ISBN 10: 0-415-87763-6 (pbk)

ISBN 13: 978-0-815-33075-8 (hbk)
ISBN 13: 978-0-415-87763-6 (pbk)

図 5-5

（終）

IAAL 大学図書館業務実務能力認定試験

「総合目録－図書中級」　第2回（2011年11月20日）

試　験　問　題

- 「総合目録－図書中級」では、NACSIS-CAT において、和洋図書の書誌作成が可能な知識のあることを評価します。
- 設問中にあるフィールド名と各フィールドの区切り記号は、「目録システムコーディングマニュアル」に準拠しています。

注意事項

1. **指示があるまで開いてはいけません。**
2. 問題は150題で、解答時間は90分です。
3. 設問の番号と解答用紙の番号は対になっています。
4. 各設問の指示に沿って、解答欄の①～⑤の番号のうち、**最も適切なものを1つだけ**塗りつぶしてください。
   1つの解答欄で2つ以上の番号を塗りつぶすと、不正解となります。
5. この試験問題は、後で回収します。切り取ったり、転記したり、持ち帰ったりしてはいけません。
6. 解答用紙は機械処理しますので、折ったり曲げたりしないでください。

NPO法人大学図書館支援機構

I. 目録の基礎

以下の問1～問30は、和洋図書の目録に関する基本問題です。

- 次の文章を読んで以下の問1に答えなさい。

> 目録システムでは、書誌レコード作成の際には、他機関が作成した【a】をフォーマット変換した参照ファイル中のレコードを利用して、書誌流用入力を行うことができる。

問1.　【a】に入る最も適切なものを選びなさい。
　　　① 目録カード
　　　② CIP データ
　　　③ MARC
　　　④ RECON ファイル

- 次の文章を読んで以下の問2～3に答えなさい。

> 書誌レコードを新規に作成する種類には、必要な情報を最初から記述していく新規入力のほかに、参照ファイルからの流用入力と、【a】にあるレコードを利用した流用入力がある。後者を行う場合は、流用入力を行うつもりで【b】を行わないように十分に注意が必要である。

問2.　【a】に入る最も適切なものを選びなさい。
　　　① USMARC
　　　② 総合目録データベース
　　　③ JPMARC
　　　④ TRCMARC

問3.　【b】に入る最も適切なものを選びなさい。
　　　① 流用
　　　② 修正
　　　③ 登録
　　　④ 削除

- 次の文章を読んで以下の問4～7に答えなさい。

> 総合目録データベースに登録された書誌レコードに修正が必要な箇所を発見した場合は、修正作業を行う前に、必ず書誌レコードと目録対象資料の【a】を行う必要がある。修正に際して、国立情報学研究所の定めた基準や目録規則に照らし合わせて、誤りではない場合、原則として最初に作成された書誌レコードを維持する。
> 【a】の結果、修正すべき箇所がある場合は、【b】。修正が必要と思われる内容のうち、【c】や【d】などの場合は、発見館が独自の判断で修正を行ってはならない。また、書誌修正の内容によっては作成館との協議となるが、作成館が不明な場合は【e】が作成館とみなされる。

問4.　【a】に入る最も適切なものを選びなさい。
① 同定
② 検索
③ 修正
④ 削除

問5.　【b】に入る最も適切なものを選びなさい。
① ただちに発見館が修正する
② 目録システムコーディングマニュアルの修正指針に従い、対応する
③ 全所蔵館に連絡する
④ 国立情報学研究所に報告する

問6.　【c】【d】の組み合わせとして、最も適切なものを選びなさい。
① c：VTフィールドの追加　　　d：タイトルの単純な転記ミスの修正
② c：PTBLフィールドの追加　　d：NOTEの追加
③ c：SHフィールドの追加　　　d：EDフィールドの追加
④ c：PTBLフィールドの追加　　d：EDフィールドの追加

問7.　【e】に入る最も適切なものを選びなさい。
① 国立情報学研究所
② 最終更新館
③ 最新の所蔵館
④ 最古の所蔵館

• 次の文章を読んで以下の問8～9に答えなさい。

> 共有レコードである書誌レコードを削除する必要がある場合は、当該書誌レコードの【a】の有無について必ず確認する。当該書誌レコードに【a】がある場合には、このレコードを削除することはできない。なお、書誌レコードを削除する場合は当該書誌レコードを【b】する。

問8.　【a】に入る最も適切なものを選びなさい。
　　① 親書誌レコードへのリンク
　　② 統一書名典拠レコードへのリンク
　　③ 著者名典拠レコードへのリンク
　　④ 所蔵レコードへのリンク

問9.　【b】に入る最も適切なものを選びなさい。
　　① 削除
　　② 国立情報学研究所に報告
　　③ 「削除予定レコード」化
　　④ 全所蔵館に連絡

問10.　次のうち、入力レベルが「必須1」であるフィールドの組み合わせを1つ選びなさい。
　　① ISBN　　　TR　　　ED　　　PUB
　　② TR　　　　PUB　　 PHYS　　AL
　　③ TXTL　　 TTLL　　TR　　　PUB
　　④ TXTL　　 ISBN　　TR　　　PUB

問11.　入力レベル「必須2」の説明として、最も適切なものを選びなさい。
　　① 目録担当者は、適用可能な情報、又は容易に入手可能な情報が存在する場合、常にデータ記入を行う。
　　② 目録担当者は、自参加組織の方針に従って、データ記入を行う(又は行わない)。
　　③ 各参加組織は、目録登録業務方針として、データ記入を行うかどうかの選択を行う。
　　④ システムによる自動付与のため、目録担当者がデータ記入を行うことはない。

● 次の文章を読んで以下の問 12～15 に答えなさい。

> 各フィールドのデータ要素は、原則として【a】区切り記号法に従って記述するが、各データ要素の【b】のため、一部の記号法を改変して使用するところがある。データの記述にあたって適用する目録規則は、原則として日本語資料、中国語資料、韓国・朝鮮語資料については【c】、左記以外の資料については【d】となる。

問12. 【a】に入る最も適切なものを選びなさい。
① JIS
② ISBN
③ ISBD
④ ISO

問13. 【b】に入る最も適切なものを選びなさい。
① 機械的な識別
② 正規化
③ 全文一致検索
④ データマイニング

問14. 【c】に入る最も適切なものを選びなさい。
① 英米目録規則第2版
② 国立国会図書館目録規則
③ 日本目録規則1987年版
④ 日本目録規則1987年版改訂版

問15. 【d】に入る最も適切なものを選びなさい。
① AACR
② AACR2
③ NCR1987R
④ RDA

• 次の文章を読んで以下の問16〜18に答えなさい。

> 図書書誌レコードの構成要素のうち、IDとコードブロックには、(1)コード化情報を記録するフィールド、(2)出版物理単位に関する情報を記録するフィールドの2種類がある。(1)は、書誌レコードを構成する特定の情報を、コード化して記録するために設けられたフィールド群である。それぞれのフィールドに記録されるコードは、【a】等に規定されている。(2)は、【b】とはならない出版物理単位の目録対象資料について、物理単位ごとに固有の情報を記録するために設けられたフィールド群である。

問16. 【a】に入る最も適切なものを選びなさい。
① 目録規則
② ISBD
③ 目録情報の基準
④ 目録システムコーディングマニュアル

問17. 【b】に入る最も適切なものを選びなさい。
① レコードの作成単位
② 所蔵登録の対象
③ 書誌構造リンクの形成対象
④ 親書誌レコード

問18. 上記の(2)に該当するフィールドの組み合わせとして、最も適切なものを選びなさい。
① GMD　　SMD　　ISBN　　YEAR
② VOL　　ISBN　　PRICE　　XISBN
③ TXTL　　TTLL　　GMD　　CNTRY
④ ORGL　　REPRO　　ISBN　　XISBN

- 次の文章を読んで以下の問 19～20 に答えなさい。

> 記述ブロックは、目録記入の記述の部分にあたる。このブロックには、目録記入の伝統にそって用意された項目であるタイトル及び責任表示に関する事項、版に関する事項、出版・頒布等に関する事項、形態に関する事項等と、検索を意識し、データの【a】を考慮した項目として、【b】などがある。

問19. 【a】に入る最も適切なものを選びなさい。
① 正規化
② 網羅性
③ 索引化
④ 特殊性

問20. 【b】に該当するものとして最も適切なものを選びなさい。
① その他のタイトル 、内容著作注記
② その他のタイトル 、一般注記
③ 巻冊次 、内容著作注記
④ 巻冊次 、その他のタイトル

- 次の文章を読んで以下の問 21〜23 に答えなさい。

> 著者名典拠コントロールのために、AL フィールドを使用する。
> 目録作業を行う際には、記述対象資料の著者標目に対応する【a】を作成することができる。すでに対応する【a】が作成されている場合は、リンク形成を行う。TR フィールド、及び PTBL フィールドの中位の集合書誌単位に、責任表示として記録されている個人、団体、会議に対応する記入は原則として【b】である。他のフィールドに対応するデータは、入力レベルが「選択」となる。
> リンク形成を行うと AL フィールドには、リンク先【a】の統一標目形が表示される。これにより、同一の【a】にリンクされているすべての書誌において【c】が統一されることになる。

問21. 【a】に入る最も適切なものを選びなさい。
① 著者の記述
② 著者名の読み
③ 著者名典拠レコード
④ 同姓同名著者の生年月日

問22. 【b】に入る最も適切なものを選びなさい。
① 入力レベル「必須1」
② 入力レベル「必須2」
③ 入力レベル「選択」
④ 主記入標目

問23. 【c】に入る最も適切なものを選びなさい。
① 著者名のヨミ
② 生年月日の表記形
③ 著作者
④ 著者標目の形

- 次の文章を読んで以下の問 24 に答えなさい。

> AL フィールドを作成するにあたり、記述ブロック、または【a】フィールドに記録されていない個人、団体、会議の名称に対し、AL フィールドを作成してはならない。

問24. 【a】に入る最も適切なものを選びなさい。
① VOL
② PTBL
③ SH
④ UTL

- 次の文章読んで以下の問 25 に答えなさい。

> 記述ブロック及び PTBL フィールドに記録されている【a】、聖典(及びその部編)については、当該著作に対応する各 UTL フィールドを原則として作成する。

問25. 【a】に入る最も適切なものを選びなさい。
① 原著書名
② 法律資料
③ 改題書名
④ 無著者名古典

- 次の文章を読んで以下の問 26〜27 に答えなさい。

> リンクブロックには、(1)【a】、(2)著者名リンク、(3)【b】の 3 項目がある。これらの項目では、目録作業時に他のレコードとのリンク形成を行う。リンク形成後、各項目にはリンク関係の情報が表示される。ただし、(2)または(3)においてリンク形成を行わない場合、これらの項目には、『目録情報の基準』の 8 の項または、9 の項で定める統一標目形を記録する。

問26. 【a】に入る最も適切なものを選びなさい。
① URL リンク
② 所蔵リンク
③ タイトル変遷リンク
④ 書誌構造リンク

問27. 【b】に入る最も適切なものを選びなさい。
① 統一書名リンク
② 所蔵リンク
③ 書誌構造リンク
④ URL リンク

- 次の文章を読んで以下の問 28～29 に答えなさい。

> 主題ブロックは、標準的な書誌分類や件名等を記録する。主題ブロックは【a】と SH フィールドの 2 種類がある。これらは、目録対象資料の【b】（及び形式）を記録するために設けられたフィールドである。

問28. 【a】に入る最も適切なものを選びなさい。
① CW フィールド
② CLN フィールド
③ CLS フィールド
④ NOTE フィールド

問29. 【b】に入る最も適切なものを選びなさい。
① ページ数
② 内容注記
③ 書誌的来歴
④ 主題

- 次の文章を読んで以下の問 30 に答えなさい。

> 規定の情報源のどこにも本タイトルの表記がなく、情報源以外の箇所から本タイトルを記述した場合は、その箇所を【a】フィールドに記録する。

問30. 【a】に入る最も適切なものを選びなさい。
① TR
② NOTE
③ CW
④ UTL

II. 書誌作成・和図書

以下の問 31〜問 72 は、**和図書**の書誌作成を前提とした問題です。

【更新資料】

問31. 更新資料について述べた文章のうち、最も適切なものを選びなさい。
　① 更新資料とは、バインダー形式で出版される資料の総称である。
　② 書誌レコードの記述の基盤となるのは、刊行時の状態に最も近い資料である。
　③ 巻冊次は書誌レコードの VOL フィールドには記述せず、これを記録する場合は所蔵レコードの VOL フィールドに記述する。
　④ ページ数については、原則として把握できる限り具体的なページ数を記述しておく。
　⑤ 更新頻度が資料に明記されている場合は、その情報を PHYS フィールドに記述する。

【GMD, SMD】

● 問 32〜34 について、GMD フィールド及び SMD フィールドについて述べた文章のうち、正しい場合は①を、間違っている場合は②を選びなさい。

問32. GMD フィールドには一般資料種別コードを、SMD フィールドには特定資料種別コードを記入する。

問33. 特定資料種別コードだけで資料の特徴を表せる場合は、一般資料種別コードを記入する必要はない。

問34. 一般資料種別コード及び特定資料種別コードは、マイクロ資料や電子資料などの機械可読資料を識別するためにあるコードである。

【ORGL】

問35. ある翻訳書について、原著の言語が不明である場合、ORGL フィールドに入るコードとして最も適切なものを選びなさい。
　① [ ]　　（角がっこ、スペース、角がっこ）
　② ---　　（ハイフン3本）
　③ xxx
　④ und
　⑤ 　　　（何も記述しない）

【VOL】

- 問 36～38 について、VOL フィールド、ISBN フィールド、PRICE フィールドに下記の内容のみを記述する場合、その記述として正しい場合は①を、間違っている場合は②を選びなさい。ただし、巻冊次や ISBN などに記述されている内容は正しいものとする。

問36.　**VOL:**: 上　　　　　**ISBN:** 4915022102　　　　**PRICE:** 1500 円
問37.　**VOL:**: 並装　　　　**ISBN:** 9784567812483　　　**PRICE:**
問38.　**VOL:**　　　　　　　**ISBN:** 9784300157945(セット)　**PRICE:** 19000 円

【TR】

- 問 39～43 について、TR フィールドの記述の仕方として、正しい場合は①を、間違っている場合は②を選びなさい。

問39. 複数の情報源でタイトルが異なっていた場合、奥付にある情報を最優先としてそれを TR フィールドに記述する。

問40. 複数の情報源でタイトルが異なっていた場合、TR フィールドに記述しなかったタイトルは VT フィールドに記述することができる。

問41. 標題紙裏は、TR フィールドのデータ要素の情報源である。

問42. 固有のタイトルのほか、部編名と巻次等の両方が存在する資料の場合、部編名は TR フィールドのタイトル関連情報として記述する。

問43. 標題紙にタイトル関連情報が複数存在する場合、レイアウトや表現の仕方から最も代表的と思われるもの１つをタイトル関連情報として記述し、その他は VT フィールドに記述する。

問44. 総合タイトルがなく、1冊のうちに芥川龍之介の「羅生門」と直木三十五の「南国太平記」が含まれ、規定の情報源にそれぞれのタイトル及び責任表示が明記されている図書について、TRフィールドの記述として最も適切なものを選びなさい。
　① 羅生門 . 南国太平記 / 芥川龍之介著 . 直木三十五著‖
　　ラショウモン . ナンゴク タイヘイキ
　② 羅生門 ; 南国太平記 / 芥川龍之介著 ; 直木三十五著‖
　　ラショウモン ; ナンゴク タイヘイキ
　③ 羅生門 . 南国太平記 / 芥川龍之介著, 直木三十五著‖
　　ラショウモン . ナンゴク タイヘイキ
　④ 羅生門 / 芥川龍之介著 ; 南国太平記 / 直木三十五著‖
　　ラショウモン ; ナンゴク タイヘイキ
　⑤ 羅生門 / 芥川龍之介著 . 南国太平記 / 直木三十五著‖
　　ラショウモン . ナンゴク タイヘイキ

問45. 情報源にある「管原道真」という本タイトルが、「菅原道真」の誤り（誤植）であることが分かった。この場合のTRフィールドの記述の仕方として、最も適切なものを選びなさい。
　① 情報源に書かれてあるとおりに記述する。
　② 「菅原道真」と、正しい文字に修正して記述する。
　③ 「[菅]原道真」と、正しい形に修正したうえで、訂正したことが明らかになるよう角がっこで括る。
　④ 「[管]原道真」と、誤植であることが明らかになるよう角がっこで括る。
　⑤ 上記の選択肢①～④のいずれでもよい。

● 問46～50について、タイトルのヨミ及び分かち書きとして、正しい場合は①を、間違っている場合は②を選びなさい。

問46. 「第七次」のヨミ及び分かち書きは、「ダイナナジ」である。
問47. 「第Ⅳ回」のヨミ及び分かち書きは、「ダイ 4 カイ」である。
問48. 「UNESCOと文化」のヨミ及び分かち書きは、「UNESCO　ト　ブンカ」である。
問49. 「日本とニュージーランド」のヨミ及び分かち書きは、
　　「ニッポン　ト　ニュージー　ランド」である。
問50. 「メジャーリーグ」の分かち書きは、「メジャー　リーグ」である。

【PUB】

問51. 情報源にある出版地が「東京都国分寺市本町三丁目ノ五」とある場合、PUBフィールドの出版地の記述として最も適切なものを選びなさい。
　① 東京
　② 国分寺市
　③ 国分寺
　④ 国分寺市本町
　⑤ 本町

問52. 情報源に出版者として「木星社」と「金星社」が同列に記してあり、かつ出版地が同一の場合、PUBフィールドの出版者の記述として最も適切なものを選びなさい。
　① 木星社　金星社
　② 木星社, 金星社
　③ 木星社 ; 金星社
　④ 木星社 : 金星社
　⑤ 木星社 . 金星社

● 問53～55について、PUBフィールドの記述の仕方として、正しい場合は①を、間違っている場合は②を選びなさい。

問53. PUBフィールドのデータ要素の情報源は「標題紙」「奥付」「表紙」であり、「背」と「標題紙裏」は該当しない。

問54. 複数の出版者や発売者を複数のPUBフィールドで記述する場合、出版年は最後の出版者に続けて記述する。

問55. 共同刊行に関する事項を記録する場合は、新たにPUBフィールドを追加し、共同刊行者に関する事項の全体を丸がっこで括る。

【PHYS】
問56. PHYSフィールドについて述べた文章のうち、最も適切なものを選びなさい。
① PHYSフィールドの入力レベルは「必須1」であり、必ず何かしらのデータ記入を行わなければならない。
② 縦長の資料で、縦の長さが23.5センチメートルである場合、PHYSフィールドに記述する大きさは「23cm」である。
③ ページ数が明記されていない図書の場合、PHYSフィールドの数量は原則として「冊」と記述する。
④ 原則として、付属資料はPHYSフィールドではなくVOLフィールドに記述する。
⑤ 第1巻の大きさは27センチメートル、第2巻の大きさは25センチメートルである場合、PHYSフィールドの大きさには「25-27cm」と記述する。

問57. 本文200ページに加え、ページ付けのある図版が2ページあり、かつ本文中に図が11種類挿入されている図書がある。この場合のPHYSフィールドの数量等の記述として最も適切なものを選びなさい。
① 200p：図版 2p, 挿図（11図）
② 200p；図版 2p；挿図（11図）
③ 200p, 図版 2p：挿図（11図）
④ 200p, 図版 2p；挿図（11図）
⑤ 200p, 図版 [2]p；挿図 [11図]

【VT】
● 問58〜60について、VTフィールドについて述べた文章のうち、正しい場合は①を、間違っている場合は②を選びなさい。
問58. TITLEKEYは、VTフィールドからも作成される。
問59. VTフィールドのデータ要素は、タイトルの種類、タイトル、タイトルのヨミ、責任表示である。
問60. VTフィールドに記述するタイトルの種類コードのうち、コード「CL」を使用する場合は、そのタイトルの表示箇所をNOTEフィールドに記録することになっている。

【NOTE】

- 問61～63について、NOTEフィールドについて述べた文章のうち、正しい場合は①を、間違っている場合は②を選びなさい。

問61. NOTEフィールドが複数ある場合、NACSIS-CAT特有の事柄に関する注記は先頭のNOTEフィールドに記述する。

問62. 「監修」や「参考文献」などの導入語句を伴う定型注記の場合、導入語句と注記との間には「△:△」(スペース、コロン、スペース)を置く。

問63. 内容細目をNOTEフィールドに記述するかCWフィールドに記述するかは、作成者の判断による。

【PTBL】

- 問64～66について、PTBLフィールドについて述べた文章のうち、正しい場合は①を、間違っている場合は②を選びなさい。

問64. PTBLフィールドのデータ要素の情報源は、標題紙、標題紙裏、奥付、背、表紙である。

問65. PTBLフィールドは「繰り返し数」が「1」であり、複数のシリーズタイトルがある場合は、最上位のタイトル以外は全て中位の書誌として記述する。

問66. 構造の種類コードは、各参加組織の利便性に応じて適宜修正することができる。

【AL】

- 問67～69について、著者名典拠レコードについて述べた文章のうち、正しい場合は①を、間違っている場合は②を選びなさい。

問67. 統一標目形に付記事項として専攻分野や職業等が記されている場合、そのヨミも名称のヨミに続けて記述する。

問68. 異なるヨミや異なる字体による別形など、統一標目形としては採用しなかった参照標目形を記述するのは、SFフィールドである。

問69. ある個人が複数の名前を使い分けて著作物を発表していることが明確な場合、原則として大多数の著作に用いられている名前を統一標目形とし、その他は参照形として記述する。

【SH】

- 問 70～72 について、SH フィールドについて述べた文章のうち、正しい場合は①を、間違っている場合は②を選びなさい。

問70. SH フィールドで細目が後続することを示す区切り記号は、常に「△--△」（スペース、ハイフン、ハイフン、スペース）である。

問71. 件名のヨミ及びわかち書きの規則は、TR フィールドと同様に、『目録情報の基準』11.3「ヨミの表記及び分かち書き規則」による。

問72. 件名標目表の種類コード「FREE」は、件名標目表やシソーラス等に拠らない自然語を件名に採用した場合のコード値である。

III. 総合・和図書

以下の問 73～問 90 は、**和図書**の書誌作成に関する総合的な問題です。

- 図 3-1 の図書について、参照ファイルからの書誌流用入力を行うことになった。書誌 3-1 を流用元のレコードとする場合、問 73～78 に挙げるフィールドのうち、修正もしくは追加すべき箇所には①を、そのままで良い箇所には②を選びなさい。

問73. VOL
問74. TR フィールドのタイトル
問75. TR フィールドのヨミ
問76. TR フィールドの責任表示
問77. PHYS
問78. PTBL

問79. 図 3-1 の図書について、PUB フィールドの記述として、最も適切なものを選びなさい。

① **PUB:**東京 : 中谷書房 , 明治八

② **PUB:**[東京] : 齋藤幸治, 大林平二 , 明治八[1875]

③ **PUB:**東京 : 齋藤幸治 : 中谷書房（発売）, [1875]

④ **PUB:**東京 : 齋藤幸治
　　PUB:東京 : 中谷書房（発売）, 1875

⑤ **PUB:**東京 : 齋藤幸治
　　PUB:東京 : 中谷書房 [発売], 明治 8[1875]

図 3-1

```
GMD:   SMD:   YEAR:        CNTRY:ja   TTLL:jpn   TXTL:jpn   ORGL:
ISSN:   NBN:   LCCN:   NDLCN:
REPRO:   GPON:   OTHN:
VOL:   ISBN:   PRICE:   XISBN:
```

TR: 会津藩近代国家之礎 / 齋藤幸治編‖アイヅハン　キンダイ　コッカノ　イシズエ

PUB:

PHYS: 53, 47p；24cm

AL: 齋藤, 幸治‖サイトウ, コウジ

NDLSH: 日本‥歴史‥江戸末期‖ニホン‥レキシ‥エドマッキ//F

NDLSH: 幕藩体制‖バクハンタイセイ//K

書誌 3-1

● 図 3-2 の図書の書誌レコードを新規に作成する場合について、以下の問いに答えなさい。

標題紙

CO2 温暖化論争を
考える
Ⅰ
大河内直彦

グローバル新書
地球環境シリーズ－5－

奥付

グローバル新書　〔地球環境シリーズ5〕

CO2 温暖化論争を考える　Ⅰ
　　2007年1月21日　初版第1刷発行
　　2008年5月30日　初版第2刷発行
著者　　大河内直彦
発行　　（株）グローバル社
〒101-8001　東京都千代田区一ツ橋5-3-3

印刷　　有川印刷所
ISBN　978-4-8204-9607-7 C2081 Y1675E
Printed in Japan

ページ付け：420ページ
縦の長さ　：27センチメートル
横の幅　　：18センチメートル
本文の言語：主に日本語。
　　　　　　但し全7章のうち1章は英語。

（参考・別の巻の標題紙）

CO2 温暖化論争を
考える
Ⅱ
大河内直彦

グローバル新書
地球環境シリーズ-7-

図 3-2

● 書誌レコードを新規に作成する場合、図 3-2 の情報源にある各データのうち、問 80～82 に挙げる内容をどのフィールドに記述するのが最も適切か、それぞれ選択肢から選びなさい。

問80．図 3-2 の「CO2 温暖化論争を考える」
　　　① VOL フィールド
　　　② TR フィールドの本タイトル
　　　③ TR フィールドのタイトル関連情報
　　　④ PTBL フィールドの親書誌
　　　⑤ PTBL フィールドの中位の書誌

問81. 図 3-2 の「グローバル新書」
① VOL フィールド
② TR フィールドの本タイトル
③ TR フィールドのタイトル関連情報
④ PTBL フィールドの親書誌
⑤ PTBL フィールドの中位の書誌

問82. 図 3-2 の「地球環境シリーズ」
① VOL フィールド
② TR フィールドの本タイトル
③ TR フィールドのタイトル関連情報
④ PTBL フィールドの親書誌
⑤ PTBL フィールドの中位の書誌

問83. 図 3-2 の図書について、PUB フィールドの記述として最も適切なものを選びなさい。
① **PUB:**東京 ：(株)グローバル社 , 2007.1

② **PUB:**東京 ：(株)グローバル社 , 2008.5

③ **PUB:**東京 ： グローバル社 , 2007.1

④ **PUB:**東京 ： グローバル社 , 2008.5

⑤ **PUB:**東京 ： グローバル社
 PUB:東京 ： 有川印刷所（印刷）, 2008.5

問84. 図 3-2 の図書について、TTLL、TXTL フィールドのコード値の組み合わせとして最も適切なものを選びなさい。
① **TTLL:** jpn　　　**TXTL:** jpn
② **TTLL:** jpn　　　**TXTL:** jpneng
③ **TTLL:** jpn　　　**TXTL:** engjpn
④ **TTLL:** jpneng　**TXTL:** jpn
⑤ **TTLL:** engjpn　**TXTL:** jpn

- 図 3-3 の図書を検索した結果、総合目録データベースにはこの図書の第 1 巻にあたる書誌レコード（書誌 3-3）しかないことが分かった。検討の結果、この書誌 3-3 を修正して図 3-3 の図書を登録することにした。
  この修正について、問 85～87 に挙げるフィールドのうち、修正すべき箇所には①を、そのままで良い箇所には②を選びなさい。（ただしリンクフィールドのリンク先は正しいものとする。）

問85． YEAR
問86． TR フィールドの本タイトル
問87． PHYS

問88． AL フィールドの修正について、最も適切なものを選びなさい。
　① 電子書籍推進協会のヨミだけを追加する。
　② 電子書籍推進協会を標目形に持つ著者名典拠レコードを検索あるいは作成し、そのレコードとのリンクを形成する。
　③ ①、②以外の修正を行う。

標題紙

電子ブックが
少し分かる本
第 2 巻

電子書籍推進協会
広報普及委員会

電子ブックシリーズ

奥付

電子ブックシリーズ
電子ブックが少し分かる本　第 2 巻

2010 年 12 月 20 日　初版第 1 刷発行

編者　電子書籍推進協会広報普及委員会
発行　電子書籍推進協会
〒112-8001　東京都文京区音羽 3-1-21
印刷　有限会社茗荷谷印刷

ISBN　9784552185117　　　定価:2900 円

ページ付け：8, 412ページ
縦の長さ　：25センチメートル
横の幅　　：20センチメートル

図 3-3

```
GMD:  SMD:  YEAR: 2010  CNTRY: ja  TTLL: jpn  TXTL: jpn  ORGL:
ISSN:  NBN: JP1001174  LCCN:  NDLCN:
REPRO:  GPON:  OTHN:
VOL: 1  ISBN: 9784552183811  PRICE: 2800 円  XISBN:

TR: 電子ブックが少し分かる本 / 電子書籍推進協会広報普及委員会編||
デンシ ブック ガ スコシ ワカル ホン
PUB: 東京 : 電子書籍推進協会 , 2010.11
PHYS: 8, 395p ; 25cm
PTBL: 電子ブックシリーズ||デンシ ブック シリーズ <BB00000751> //a
AL: 電子書籍推進協会 < >
NDLSH:電子書籍||デンシショセキ//K
NDLSH:電子出版||デンシシュッパン//K
```

書誌 3-3

問89. 書誌3-3を修正した後、カバーにだけ本タイトルに続いて「eBOOKの最前線」という表記があることが分かった。この場合の対応として最も適切なものを選びなさい。
① 「eBOOKの最前線」が、TRフィールドのタイトル関連情報として追記できるかどうか、作成館に照会する。
② 「eBOOKの最前線」を、TRフィールドのタイトル関連情報として追記する。
③ 「eBOOKの最前線」を、VTフィールドで、タイトルの種類コードを「CV（表紙タイトル）」として記述する。
④ 「eBOOKの最前線」を、PTBLフィールドの中位の書誌として記述する。
⑤ 「eBOOKの最前線」については、どのフィールドにも記述しない。

問90. 図3-3の図書の登録後、第3巻も登録することになった。第3巻は、タイトル及び責任表示、大きさ、シリーズタイトル等については書誌3-3の情報と同じだったが、出版者が京都市にある「電子ブック社」となっていた。この場合の対応として最も適切なものを選びなさい。
① 書誌3-3とは別の書誌を新たに作成する。
② 書誌3-3のPUBフィールドの情報を消去し、最新の第3巻の内容を記述する。
③ 書誌3-3において、PUBフィールドを追加し、両出版者を併記する。
④ 書誌3-3において、PUBフィールドは修正せず、NOTEフィールドに第3巻の出版者について記述する。
⑤ 第3巻の出版者については、特に記述しない。

IV. 書誌作成・洋図書

以下の問91～問130は、**洋図書の書誌作成**を前提とした問題です。

【記述レベル】

問91. 以下のフィールドのうち、記述レベルが「選択」であるものを1つ選びなさい。
   ① ISBN
   ② LCCN
   ③ ED
   ④ VT
   ⑤ UTL

【注文生産による複製資料】

● 問92～97について、注文生産による複製資料について述べた文章のうち、正しい場合は①を、間違っている場合は②を選びなさい。

問92. PUBフィールドの出版年として、複製資料の製作年ではなく、著作権表示年等を記入する。

問93. 注文生産の場合は、REPROフィールドに「c」を記入しない。

問94. 同じ原本から複製された資料であっても、製作年（複製の日付）が異なれば別書誌とする。

問95. 注文生産による複製資料と原本は同一書誌とし、複製資料の刷年はCPYRに記入する。

問96. 複製資料である旨をEDフィールドに記述する。

問97. 同じ原本から複製された資料であっても、ページ付けなどの形態が異なれば別書誌とする。

【ORGL】

問98. ノルウェー語の小説『Sofies verden』をドイツ語に翻訳した『Sofies Welt』から英語に翻訳したと表記されている『Sophie's World』という図書がある。この図書の書誌について、ORGLフィールドとVTフィールドの記述として最も適切な組み合わせを選びなさい。（なお、書誌はできるだけ詳しく記述することを前提とする。）

 ① **ORGL:**nor
  VT:OR:Sofies verden

 ② **ORGL:**ger
  VT:OR:Sofies Welt

 ③ **ORGL:**nor
  VT:OR:Sofies verden
  VT:OR:Sofies Welt

 ④ **ORGL:**ger
  VT:OR:Sofies verden
  VT:OR:Sofies Welt

 ⑤ **ORGL:**norger
  VT:OR:Sofies verden
  VT:OR:Sofies Welt

【CNTRY】

問99. PUBフィールドの出版地として［S.l.］を記述する書誌レコードについて、推定もできない場合、CNTRYフィールドに入るコードとして最も適切なものを選びなさい。

 ① xx
 ② sl
 ③ np
 ④ ‥　（ハイフン2本）
 ⑤ 　　（何も記述しない）

【ISBN】

- 問 100～104 について、ISBN フィールドのデータ要素の情報源であるものには①を、そうでないものは②を、それぞれ選びなさい。

問100. 表紙
問101. タイトルページ裏の CIP データ
問102. 裏表紙
問103. 参照ファイルのレコードの ISBN フィールド
問104. 出版者のウェブサイト

【TR】

- 問 105～109 について、子書誌の本タイトルのデータ要素の情報源であるものには①を、そうでないものは②を、それぞれ選びなさい。

問105. 表紙
問106. タイトルページ向かい
問107. タイトルページ裏
問108. 裏表紙
問109. 背

問110. 規定の情報源にある "KONJUNKTUREN UND KRISEN IN DER NEUEREN GESCHICHTE" を本タイトルとする場合、TR フィールドの記述として最も適切なものを選びなさい。
① Konjunkturen und Krisen in der Neueren Geschichte
② Konjunkturen und Krisen in der neueren Geschichte
③ Konjunkturen und krisen in der Neueren Geschichte
④ Konjunkturen und krisen in der neueren Geschichte
⑤ Konjunkturen und krisen in der neueren geschichte

問111. 規定の情報源が図4-1のとおりあり、"The Peace" と "The Birds" の2作品が収められている場合、TRフィールドの本タイトルの記述として最も適切なものを選びなさい。
　① The peace ; and, The birds
　② The peace ; and The birds
　③ The peace, and The birds
　④ The peace and The birds
　⑤ The peace ; The birds

```
┌─────────────────┐
│                 │
│   The Peace     │
│   and The Birds │
│       by        │
│   Aristophanes  │
│                 │
│                 │
│    Macmillan    │
│     London      │
│                 │
└─────────────────┘
```
図 4-1

問112. 規定の情報源にある "I.A.E.A." をタイトル中の語として記述する場合、その記述の仕方として最も適切なものを選びなさい。
　① I.A.E.A.
　② I. A. E. A.
　③ IAEA
　④ Ｉ Ａ Ｅ Ａ

問113. 表紙のみに表記されている "foreword by M. Dewey" という情報について、この記述の仕方として、**誤っているもの**を選びなさい。
　① **TR:**Classification / foreword by M. Dewey
　② **TR:**Classification / [foreword by M. Dewey]
　③ **NOTE:**"Foreword by M. Dewey"‥Cover
　　　AL: Dewey, M.
　④ **NOTE:**"Foreword by M. Dewey"‥Cover
　　　（ALフィールドには記述しない）
　⑤ どのフィールドにも記述しない

【ED】

問114. 版について述べた文章のうち、最も適切なものを選びなさい。
① 装丁を表す語は、"paperback edition" のように版を表す語とともに表示されている場合は、ED フィールドに記述する。
② 付加的版表示は NOTE フィールドに記述する。
③ 表紙は、ED フィールドの情報源である。
④ 逐次的に刊行される資料に表示されている "2011 edition" は、ED フィールドに記述する。
⑤ 並列版表示の入力レベルは「必須2」である。

【PUB】

● 問 115～119 について、PUB フィールドのデータ要素の情報源であるものには①を、そうでないものは②を、それぞれ選びなさい。

問115. 表紙
問116. タイトルページ裏
問117. 奥付
問118. 裏表紙
問119. 出版者のウェブサイト

問120. 出版者が全く特定できず不明である場合、PUB フィールドの出版者の記述として最も適切なものを選びなさい。
① [No name]
② [no name]
③ [N.n.]
④ [S.n.]
⑤ [s.n.]

問121. 情報源にある "published 2007, copyright 2006, printed in 2009" について、刷による内容の変更がない場合、PUB フィールドの出版年の記述として最も適切なものを選びなさい。
① 2007
② 2007, c2006
③ 2007, 2009
④ 2009
⑤ c2006

【PHYS】

問122. 図書の大きさを測ったところ、高さ、幅とも 18.3 センチメートルであった。この場合の PHYS フィールドの大きさの記述として最も適切なものを選びなさい。

① 18 cm
② 19 cm
③ 18 × 18 cm
④ 19 × 19 cm
⑤ 19 × 18 cm

【VT】

問123. 資料中に原書名として "Bottyan" と表記されており、著者は "Soseki Natsume" とある場合、VT フィールドの記述として最も適切なものを選びなさい。

① **VT:**OH:Bottyan
② **VT:**OH:坊ちゃん||ボッチャン
③ **VT:**OR:Bottyan
④ **VT:**OR:坊ちゃん||ボッチャン
⑤ **VT:**VT:Bottyan

【AL】

問124. 著者名典拠レコードの HDNG フィールドの記述として、最も適切なものを選びなさい。

① Smith, John 1924-
② Smith, John, 1924-
③ Smith, John (1924-)
④ Smith, John, (1924-)

【CLS】

● 次の文章が正しい場合は①を、間違っている場合は②を選びなさい。

問125. CLS フィールドに記入する際に適用する分類表は、和図書は NDC、洋図書は DDC もしくは LCCN を使用することになっている。

【PTBL】

- 問126～130について、親書誌レコードについて述べた文章のうち、正しい場合は①を、間違っている場合は②を選びなさい。

問126. TXTLフィールドには、子書誌レコードの本文の言語コードを記入する。

問127. 装丁に関する語句はVOLフィールドではなくEDフィールドに記述する。

問128. 版表示は常に子書誌レコードにのみ記入し、親書誌レコードには記述しない。

問129. 中位の書誌単位に関わるISBNは親書誌レコードのISBNフィールドに記入する。

問130. シリーズの刊行途中で、タイトルはそのままだが出版者が変更になった場合は別書誌とする。

V. 総合・洋図書

以下の問131～問150は、**洋図書**の書誌作成に関する総合的な問題です。

● 図5-1及び図5-2を見て、以下の問131～134に答えなさい。

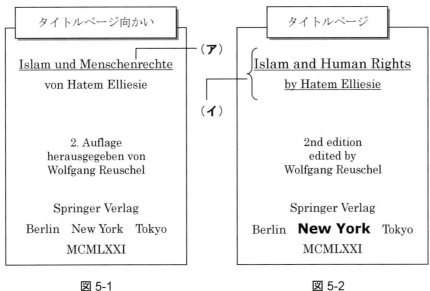

図5-1　　　　　　　　図5-2

問131. 図5-1の（ア）の部分を記述するフィールド及び記述の仕方として、最も適切なものを選びなさい。
① TRフィールドの本タイトルとして記述する。
② TRフィールドの本タイトルの後に、「△=△」（スペース、イコール、スペース）で繋げる。
③ TRフィールドの本タイトルの後に、「△:△」（スペース、コロン、スペース）で繋げる。
④ VTフィールドに記述し、タイトルの種類コードは「AT」とする。
⑤ VTフィールドに記述し、タイトルの種類コードは「VT」とする。

問132. この図書について、PUB フィールドの出版地の記述として**間違っているもの**を選びなさい。
① Berlin
② Berlin ; New York
③ Berlin ; New York ; Tokyo
④ New York

問133. 図 5·2 の（イ）の部分を記述する仕方として、最も適切なものを選びなさい。
① Islam and Human Rights / by Hatem Elliesie
② Islam and Human Rights / Hatem Elliesie
③ Islam and Human rights / Hatem Elliesie
④ Islam and human rights / by Hatem Elliesie
⑤ Islam and human rights / Hatem Elliesie

問134. この図書について、PUB フィールドの出版年の記述として最も適切なものを選びなさい。
① MCMLXXI
② 1821
③ 1871
④ 1921
⑤ 1971

● 図5-3を見て、以下の問135〜139に答えなさい。

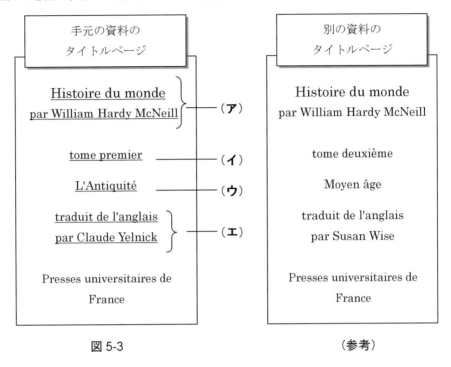

図5-3　　　　　　　　　　　（参考）

問135. 図5-3の（ア）の部分を記述するフィールドとして、最も適切なものを選びなさい。

① VOL
② TR
③ ED
④ NOTE
⑤ PTBL

問136. 図5-3の（イ）の部分を記述するフィールドとして、最も適切なものを選びなさい。

① VOL
② TR
③ ED
④ NOTE
⑤ PTBL

問137. 図 5-3 の（ウ）の部分を記述するフィールドとして、最も適切なものを選びなさい。
① VOL
② TR
③ ED
④ NOTE
⑤ PTBL

問138. 図 5-3 の（エ）の部分を記述するフィールドとして、最も適切なものを選びなさい。
① TR の責任表示
② ED の責任表示
③ NOTE
④ PTBL の親書誌の責任表示
⑤ PTBL の中位の書誌単位の責任表示

問139. 図 5-3 の（イ）の部分の記述の仕方として、最も適切なものを選びなさい。
① tome premier
② t. premier
③ t. 1er
④ t. 1
⑤ v. 1

- 図 5-4 の図書について、書誌レコードを新規に作成してみたが（書誌 5-4）、いくつか修正すべき間違いがある。問 140〜150 に挙げるフィールドのうち、修正すべき箇所には①を、そのままで良い箇所には②を選びなさい。

問140. YEAR
問141. TTLL
問142. VOL
問143. XISBN
問144. TR フィールドのタイトル関連情報
問145. ED
問146. PUB フィールドの出版地
問147. PUB フィールドの出版年
問148. PHYS フィールドの数量
問149. NOTE
問150. AL（典拠レコードが無く、リンクをしないものとする）

```
GMD:   SMD:   YEAR: 2009   CNTRY:
TTLL: eng   TXTL: eng   ORGL:
ISSN:   NBN:   LCCN:   NDLCN:
REPRO:   GPON:   OTHN:
VOL: 1    ISBN: 9780810874268   PRICE:   XISBN: 9780810874275

TR: Information pathways : a problem-solving approach to information
    literacy / Crystal Fulton
ED: New ed
PUB: London : Scarecrow Press , 2010
PHYS: vii, 345 p., [20] p. of plates : ill. ; 22 cm
NOTE: Bibliography: 312-314 p
AL: Crystal Fulton <>
```

書誌 5-4

【表紙】

Information pathways
A problem-solving approach to information literacy

Crystal Fulton

New Edition
volume one

THE SCARECROW PRESS
Lanham・Toronto・Plymouth, UK

【タイトルページ】

Information pathways

Crystal Fulton

THE SCARECROW PRESS
Lanham・Toronto・Plymouth, UK
2010

【タイトルページ裏】

Published by Scarecrow Press, Inc.
A wholly owned subsidiary of The Rowman & Littlefield Publishing Group, Inc.
4501 Forbes Boulevard, Suite 200, Lanham, Maryland 20706

Estover Road, Plymouth PL6 7PY, United Kingdom
Copyright(c)2010 by Crystal Fulton

Library of Congress Cataloging-in-Publication Data
Fulton, Crystal, 1965－
Information pathways : a problem-solving approach to information literacy / Crystal Fulton.
　p. cm.
Includes bibliographical references and index.
ISBN 978-0-8108-7426-8（pbk.:alk.paper）
ISBN 978-0-8108-7427-5 (ebook)
1. Information literacy－Handbooks, manuals, etc. 2. Information retrieval－Handbooks, manuals, etc. 3. Research－Methodology－Handbooks, manuals, etc. 4. Human information processing－Handbooks, manuals, etc. I. Title.
　　ZA3075. F85 2010
　　028.7－dc22
　　　　　　　　　　　　2009047922
Printed in the United States of America

図 5-4

本文の言語：英語
前付けページ付け：viiページ
本文のページ付け：345ページ
縦の長さ：21.4センチメートル
横の幅　：14.0センチメートル
Bibliography：312ページから314ページまで（ページ付けあり）。
図版：本文のページ数に含まれない図版が、片面印刷が4枚と両面印刷が16ページ。（ともにページ付け無し。）

（終）

あとがき

　2009年5月に実施された最初のIAAL認定試験の科目は，「総合目録」の「図書初級」でした。大学図書館等での学術情報基盤である「総合目録データベース"NACSIS-CAT"」の目録知識と業務スキルとを問う科目としてスタートしました。

　それから約10年。「目録スキルはこれからの図書館員に必要であろうか？」このような問いかけを聞くことが増えてきました。
　答えは「YES」であり，「NO」でもあると考えています。
　目録担当係に何人もスタッフがいた情景は，確かに過去のものです。しかしながら，「目録」の根幹にある考え方は，「メタデータ」と名前を変えつつも，この先につながっていくのでしょう。「目録」を読む・識別する力を，広い意味で「目録スキル」と呼ぶのならば，「目録」が図書館からなくならない以上，今後もそれらは，図書館員にとって必要なスキルの一つとして求められ続けると思っています。

　「実務能力」を「認定する」といっても，図書館で働く方には，色々な業務形態があり，業務経験も様々です。
　目録業務経験が十分ある方にとっては，実力を試す場として，
　目録を勉強中の方にとっては，今後のスキルアップの試金石として，
　それ以外の方にとっては，目録をきちんと"読む"ための基本的知識を確認する場として，その方のおかれている状況によって異なるいくつものニーズに応えられる試験だと自負しております。

　図書館で働く・これから働きたい皆様の"次の一歩"に，この本がお役に立つことを心から願っています。

岡田智佳子
（NPO法人大学図書館支援機構事務局長）

［監修・執筆者］

小西和信（こにしかずのぶ）：まえがき
（武蔵野大学教授・NPO法人大学図書館支援機構理事長）

［執筆者］

大庭一郎（おおばいちろう）：第1章
（筑波大学図書館情報メディア系講師）

岡田智佳子（おかだちかこ）：あとがき
（NPO法人大学図書館支援機構事務局長）

IAAL
大学図書館業務実務能力認定試験 過去問題集
総合目録－図書編

（略称：IAAL（アイアール）過去問題集－図書編）

2018年4月10日　初版第1刷発行

監修者	小西和信
編者Ⓒ	IAAL認定試験問題集編集委員会
発行者	大塚栄一
発行所	株式会社 樹村房

検印廃止

〒112-0002
東京都文京区小石川5丁目11番7号
電話　東京03-3868-7321
FAX　東京03-6801-5202
http://www.jusonbo.co.jp/
振替口座　00190-3-93169

デザイン／BERTH Office
組版・印刷／美研プリンティング株式会社
製本／有限会社愛千製本所

ISBN978-4-88367-300-1
乱丁・落丁本はお取り替えいたします。

●関連図書●

小西和信 監修　IAAL認定試験問題集編集委員会 編

IAAL大学図書館業務実務能力認定試験過去問題集
各B5判／本体2,100円+税

既刊 総合目録―図書編
217頁／ISBN978-4-88367-300-1

近刊 総合目録―雑誌編
ISBN978-4-88367-301-8

既刊 情報サービス―文献提供編
177頁／ISBN978-4-88367-302-5

〈好評既刊〉
小西和信 監修　IAAL認定試験問題集編集委員会 編

IAAL大学図書館業務実務能力認定試験問題集
2016年版 ―専門的図書館員をめざす人へ―
B5判／241頁／本体2,300円+税／ISBN978-4-88367-248-6

宮沢厚雄 著　「キイノート」三部作　各B5判

分類法キイノート 増補第2版
日本十進分類法[新訂10版]対応
104頁／本体1,500円+税／ISBN978-4-88367-275-2

目録法キイノート
日本目録規則[1987年版改訂3版]対応
104頁／本体1,500円+税／ISBN978-4-88367-260-8

検索法キイノート
図書館情報検索サービス対応
144頁／本体1,800円+税／ISBN978-4-88367-290-5

〒112-0002　東京都文京区小石川5-11-7　樹村房
URL：http://www.jusonbo.co.jp/
TEL：03-3868-7321　FAX：03-6801-5202
E-mail：webinfo@jusonbo.co.jp

『IAAL大学図書館業務実務能力認定試験過去問題集 総合目録—図書編』解答一覧
《図書初級》

問題番号	1	2	3	4	5	6	7	8	9	10	11	12	13	14	15	16	17	18	19	20
第1回	○	×	○	×	○	×	○	×	○	○	×	○	×	○	○	○	○	×	○	×
第2回	×	○	×	×	×	○	×	○	○	○	×	×	×	×	○	×	○	×	○	×
第3回	○	○	×	×	×	×	○	×	×	×	○	×	×	○	×	×	×	×	×	×
第4回	○	×	×	×	×	×	×	○	×	×	○	○	×	○	×	×	×	×	○	×

問題番号	21	22	23	24	25	26	27	28	29	30	31	32	33	34	35	36	37	38	39	40
第1回	○	○	○	○	×	○	×	○	○	○	×	○	○	×	○	×	○	○	○	○
第2回	×	×	×	○	○	○	○	×	×	×	○	×	○	○	×	×	×	○	×	×
第3回	○	×	○	×	×	×	○	×	×	×	○	×	×	×	×	×	○	×	○	×
第4回	○	×	×	×	×	×	×	×	○	×	○	×	×	×	×	×	×	×	×	×

問題番号	41	42	43	44	45	46	47	48	49	50	51	52	53	54	55	56	57	58	59	60
第1回	×	○	○	○	○	○	×	○	○	×	×	○	×	×	×	×	×	×	×	×
第2回	○	×	○	×	×	○	×	×	×	×	×	○	×	○	×	×	○	×	○	×
第3回	×	×	×	×	×	×	×	×	×	×	○	×	×	×	×	×	×	○	×	○
第4回	×	○	○	○	○	○	×	×	○	○	×	×	×	×	×	×	×	×	×	○

問題番号	61	62	63	64	65	66	67	68	69	70	71	72	73	74	75	76	77	78	79	80
第1回	○	○	○	×	×	×	×	○	×	×	×	×	×	○	○	×	×	×	×	○
第2回	○	○	×	○	×	○	×	×	×	○	○	×	×	×	○	○	×	○	○	×
第3回	×	×	○	○	×	×	○	×	×	○	×	○	○	×	○	×	○	×	×	×
第4回	×	×	×	○	×	×	×	×	×	×	×	×	×	×	×	×	×	×	×	×

問題番号	81	82	83	84	85	86	87	88	89	90	91	92	93	94	95	96	97	98	99	100
第1回	×	×	○	×	×	○	×	×	×	×	×	×	×	×	○	×	×	×	×	×
第2回	×	×	×	×	○	×	×	○	○	×	○	×	×	×	×	×	×	○	○	○
第3回	×	×	×	×	×	×	×	×	○	×	×	×	×	×	×	○	×	○	×	×
第4回	○	×	×	×	×	×	×	×	×	○	×	○	○	×	○	×	○	×	×	×

『IAAL大学図書館業務実務能力認定試験過去問題集 総合目録―図書編』解答一覧

《図書中級》

問題番号	1	2	3	4	5	6	7	8	9	10	11	12	13	14	15	16	17	18	19	20
第1回	3	4	3	4	4	1	1	2	1	2	2	1	3	2	4	3	4	3	3	2
第2回	3	2	2	1	2	4	4	4	3	3	1	3	3	4	2	4	1	2	3	1

問題番号	21	22	23	24	25	26	27	28	29	30	31	32	33	34	35	36	37	38	39	40
第1回	3	1	2	2	2	4	3	3	1	2	3	2	1	2	2	2	4	2	5	1
第2回	3	2	4	2	4	4	4	3	4	2	3	1	2	2	4	2	1	2	2	1

問題番号	41	42	43	44	45	46	47	48	49	50	51	52	53	54	55	56	57	58	59	60
第1回	1	2	2	1	4	3	4	2	2	2	1	2	5	3	2	2	1	2	1	4
第2回	1	2	2	5	3	2	2	1	2	2	3	4	2	1	2	2	3	1	2	2

問題番号	61	62	63	64	65	66	67	68	69	70	71	72	73	74	75	76	77	78	79	80
第1回	3	2	1	1	4	5	1	1	1	2	2	1	2	2	1	2	1	2	2	2
第2回	1	2	2	1	2	1	2	2	2	2	2	2	2	1	1	2	1	2	4	2

問題番号	81	82	83	84	85	86	87	88	89	90	91	92	93	94	95	96	97	98	99	100
第1回	4	5	4	2	2	2	1	2	1	3	5	3	2	2	2	2	1	2	1	5
第2回	4	5	3	2	2	2	1	2	5	4	4	1	2	1	2	2	2	4	1	5

問題番号	101	102	103	104	105	106	107	108	109	110	111	112	113	114	115	116	117	118	119	120
第1回	1	2	2	2	1	4	1	2	1	2	2	2	4	2	2	3	2	2	2	5
第2回	1	1	1	1	2	2	3	2	2	1	1	1	3	3	5	1	1	1	2	5

問題番号	121	122	123	124	125	126	127	128	129	130	131	132	133	134	135	136	137	138	139	140
第1回	1	2	2	1	1	5	3	2	3	4	2	3	4	5	5	5	5	1	2	1
第2回	2	2	2	2	2	2	1	2	2	2	4	4	3	5	2	1	2	1	3	1

問題番号	141	142	143	144	145	146	147	148	149	150
第1回	2	4	1	1	1	1	1	2	2	2
第2回	2	1	1	1	2	1	1	2	1	1